Potenziale erkennen

Entdecken Sie, was in Ihnen steckt

Birgit Gosejacob

Inhalt

Vorwort

Es ist kein Geheimnis: Menschen, denen mit einer beneidenswerten Leichtigkeit alles zu gelingen scheint, haben im Wesentlichen ihre eigenen, individuellen Potenziale erkannt und nutzen sie aktiv. Anstatt sich für einen Weg zu entscheiden, der gerade modern und angesehen, zukunftsträchtig oder einfach nur bequem oder lukrativ ist, haben sie ihre Berufung gefunden und damit den ganz natürlichen Weg zum Erfolg für sich entdeckt.

Wie aber macht man sich die eigenen Fähigkeiten, Talente, Kompetenzen, Motivationen bewusst? Wie lebt man sie? Wie vertritt man sie nach außen? Wie justiert man sie immer wieder neu?

Dieser TaschenGuide unterstützt Sie bei den Antworten auf diese schwierigen Fragen. Er nimmt Sie mit auf eine ganz persönliche Entdeckungsreise und hilft Ihnen dabei, Ihre individuellen Potenziale zu erkennen. Gestalten Sie Ihr Leben basierend auf Ihrer Einzigartigkeit mit mehr Erfolg und Zufriedenheit.

Birgit Gosejacob

Erkennen:
meine Lebenssituation

Jeder Mensch ist absolut einzigartig. Dies zeigt sich in seiner individuellen Persönlichkeitsstruktur, seinen Talenten, Fähigkeiten und Potenzialen.

In diesem Kapitel erfahren Sie,

- wie eine Persönlichkeit strukturiert ist,
- was Persönlichkeit und Potenziale mit Erfolg und Zufriedenheit zu tun haben,
- wie Sie herausfinden, ob Sie etwas in Ihrem Leben verändern müssen, um zufriedener und erfolgreicher zu werden,
- wie Sie erkennen, ob Sie bereit für eine Veränderung sind.

Potenziale entdecken – warum?

Jeder Mensch hat seine eigenen, ganz individuellen Potenziale, die ihn zu dem machen, der er ist, oder zu dem, der er sein könnte, wenn er diese Potenziale aktiv nutzen würde.

Beispiel

 Schon in der Schule wurde von uns erwartet, in allen Fächern gute oder sogar sehr gute Noten nach Hause zu bringen. Jeder hat hierbei die Erfahrung gemacht, dass es Fächer gab, die einem lagen, für die das Lernen leicht von der Hand ging und in die man nicht viel Zeit investieren musste, um erfolgreich zu sein. Andere Fächer dagegen empfand man regelrecht als Quälerei. Alles musste man sich hier sehr mühsam erarbeiten, um irgendwie doch noch eine annehmbare Note zu erreichen. Die meisten von uns haben viel mehr Zeit und Energie in die als schwierig empfundenen Fächer investiert, als in diejenigen, die ihnen Spaß machten. Auf diese Weise haben wir früh gelernt, uns auf unsere Schwächen statt auf unsere Stärken zu fokussieren.

Im Berufsleben sind wir schon freier: Hier können wir uns wirklich auf unsere Potenziale konzentrieren und diese kontinuierlich ausbauen – vorausgesetzt natürlich, dass wir diese überhaupt kennen und nicht nach wie vor unsere Energie darauf verschwenden, unsere Schwächen auszubügeln. Menschen, die ihre Potenziale kennen und vor allem einsetzen

- können ihre Karriere gezielter planen,
- sind erfolgreicher im Job und
- zufriedener und ausgeglichener im Leben.

Was sind Potenziale?

Der Begriff „Potenzial" ist in aller Munde. Vor allem Personal-
entwickler und Coaches arbeiten gerne mit diesem Schlag-
wort. Was aber sind Potenziale genau?

Übersicht: Was sind Potenziale?

Potenziale	Definition	Beispiele
Talente	Natürliche Begabun-gen, die bei jedem Menschen in unter-schiedlicher Form und Ausprägung vorhan-den sind	Kognitiv: hohe Intelli-genz, gutes Gedächt-nis, mathematisches Verständnis, Intuition, emotionale Intelligenz
		Kreativ: Sprachgefühl, künstlerische bzw. musische Begabung
		Koordination: Sport-lichkeit, handwerk-liche Begabung, Geschicklichkeit
Kenntnisse und Fähig-keiten	Aktiv angeeignetes Wissen und erwor-bene Fähigkeiten	Per Ausbildung oder Studium erworbene Fachkenntnisse, Zusatzqualifikationen, Sprachkenntnisse, usw.

Potenziale	Definition	Beispiele
Kompetenzen	Talente in Verbindung mit den erworbenen Kenntnissen und Fähigkeiten	Aktivitäts- und Handlungskompetenz, Fach- und Methodenkompetenz, sozial-kommunikative Kompetenz, personale Kompetenz
Persönlichkeit	Die individuelle Ausprägung der verschiedenen Persönlichkeitskomponenten	Eher extrovertiert oder eher introvertiert; eher gewissenhaft etc.

Talente haben grundsätzlich eine genetische Komponente. Inwieweit ein Talent aktiviert und gefördert wird, um sich zu einer Kompetenz zu entwickeln, hängt jedoch noch von vielen weiteren Faktoren ab, wie z. B. der Familie, Schule, Ausbildung, von gesellschaftlichen Aspekten (Was ist sozial erwünscht?), der Umwelt, aber auch der individuellen Persönlichkeitsstruktur.

Was ist mit Persönlichkeit gemeint?

Die Persönlichkeit bildet einen Teil der Potenziale, der nicht immer für jeden auf der Hand liegt, wie dies z. B. die per Studium oder Ausbildung erworbenen Fähigkeiten tun. Ihre genaue Betrachtung ist jedoch wichtig, wenn man seine Potenziale entdecken will. Was aber ist Persönlichkeit genau?

- Unter dem Begriff „Persönlichkeit" verstehen wir landläufig die Wirkung eines bestimmten Menschen auf einen anderen, seine Ausstrahlung, d.h., ob er eher charismatisch oder langweilig wirkt, eher offen auf andere zugeht oder verschlossen ist usw.

- In der Psychologie versteht man unter diesem Begriff dagegen die einzigartige Konstellation der verschiedenen Persönlichkeitskomponenten in ihrer individuellen Ausprägung, also all das, was uns so einzigartig und unverwechselbar macht.

Erfassung durch Persönlichkeitsmodelle

Ende des 20. Jahrhunderts wurde in diversen wissenschaftlichen Studien untersucht, was eigentlich eine Persönlichkeit ausmacht. Ziel davon war es, diesen Begriff unter wissenschaftlichen Aspekten erfassbar zu machen. Dazu wurde erforscht, inwieweit sich die Persönlichkeit auf Komponenten zurückführen lässt, die bei jedem Menschen, unabhängig von Kultur und sozialem Umfeld, überall auf der Welt messbar vorhanden sind. Ein Ergebnis dieser Forschungen war das im Bereich der Persönlichkeitsanalysen häufig verwendete „Fünf-Faktoren-Modell", auch bekannt als „Big-Five-Modell". Darin wird die Persönlichkeit eines Menschen in fünf grundlegende Dimensionen unterteilt.

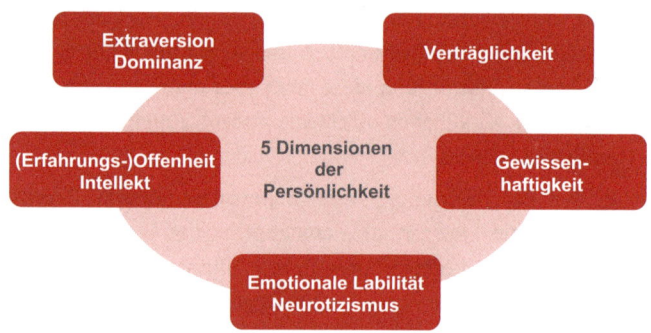

Das Big-Five-Modell

Verfahren zur Persönlichkeitsanalyse

Auf diesem Modell basieren viele diagnostische Verfahren zur Persönlichkeitsanalyse, wie z. B.

- Bambeck-Master-Profile
- NEO-FFI
- BIP (Bochumer Inventar zur berufsbezogenen Persönlichkeitsbeschreibung)
- ASSESS®
- CAPtain

Solche Verfahren finden heute unter anderem in folgenden Bereichen Anwendung:

- **Karriereplanung (Berufswahl und Berufswechsel):** Anhand der individuellen Persönlichkeitsstruktur lässt sich gut erkennen, für welche Tätigkeiten jemand geeignet bzw. weniger geeignet ist.

- **Entwicklungscoaching:** Durch den Abgleich der Persönlichkeitsstruktur mit der aktuellen Lebenssituation und den Zielen des Coachees kann – basierend auf den Erkenntnissen der Persönlichkeitsanalyse – ein an den individuellen Stärken orientiertes Coaching erfolgen.

- **Stellenausschreibungen und Bewerberbeurteilungen:** Unternehmen nutzen diagnostische Verfahren einerseits im Rahmen von Stellenbesetzungen, um genau zu definieren, welche Persönlichkeitskomponenten in welcher Ausprägung für die jeweilige Position benötigt werden. Andererseits kann damit auch der jeweils passende Bewerber identifiziert werden. Normalerweise wird ein solches Verfahren in Ergänzung zu einem Vorstellungsgespräch oder Assessment angewendet.

- **Konfliktmanagement:** Von den an einem Konflikt beteiligten Parteien werden Profile erstellt. Auf deren Basis lässt sich erkennen, wo Probleme aufgrund der unterschiedlichen Persönlichkeitsstrukturen und der damit verbundenen Verhaltensweisen im Denken, in der Kommunikation und in Entscheidungsprozessen bestehen.

- **Zusammenstellung von Teams:** Auch in der Teambildung können solche Modelle helfen, Aufgaben- und Verantwortungsbereiche so auf die Mitarbeiter im Team zu verteilen, dass jeder nach Möglichkeit genau das machen kann, was er von seiner Persönlichkeitsstruktur her am besten leisten kann.

Beispiel

 Ein Unternehmen sucht einen neuen Vertriebsmitarbeiter. Die Aufgaben sind schnell definiert und werden in der Stellenanzeige aufgelistet. An den Bewerbungsgesprächen nehmen der Teamleiter – als direkter Vorgesetzter – und der Verkaufsleiter teil. Beide sind sich einig über die zu erledigenden Aufgaben, welche die zu besetzende Position mit sich bringt. Der direkte Vorgesetzte wünscht sich jemanden, der die anstehenden Aufgaben nach Vorgabe erledigt, Dinge schnell abarbeitet und sich reibungslos ins Team einfügt. Der Verkaufsleiter wünscht sich jedoch jemanden, der mit viel Engagement neue Power in das seiner Meinung nach recht passiv agierende Team bringt, was auch durchaus Reibungspunkte erzeugen darf. Beide suchen nach einer völlig unterschiedlichen Persönlichkeit. Die Chancen, jemanden zu finden, mit dem beide glücklich sind, sind hier relativ gering. Und der neue Mitarbeiter wird sich langfristig auch unwohl fühlen. Er wird entweder den Teamleiter oder den Verkaufsleiter enttäuschen. Hätte man bereits im Vorfeld die gesuchte Persönlichkeit genau definiert, würde die Diskussion zwischen den beiden Entscheidungsträgern stattfinden, bevor ein Mitarbeiter eingestellt wird. So könnten die Bewerberprofile besser mit diesen Anforderungen abgeglichen werden und das Unternehmen hätte dann die Chance, das Team durch die Wahl des neuen Mitarbeiters in die gewünschte Richtung zu lenken. So hat letztlich auch dieser eine Chance.

Was die Persönlichkeitsanalyse aufzeigt

Die aus der Psychologie stammenden Begriffe

- Extraversion/Dominanz
- Verträglichkeit
- Gewissenhaftigkeit
- Emotionale Labilität/Neurotizismus
- (Erfahrungs-)Offenheit/Intellekt

werden in den auf den Big Five basierenden Analyseinstru-
menten mit verschiedenen Etiketten versehen. So sind sie für
die Anwendung im beruflichen Umfeld leichter verständlich
und eingängiger.

Als Beispiel sind in der folgenden Tabelle die Bambeck-
Master-Profile nach dem Psychiater Dr. Joern J. Bambeck dargestellt.

Persönlichkeitskomponenten: Bambeck-Master-Profile

Persönlichkeits-dimensionen	Persönlichkeitsmerkmale
ALPHA „Aktivität" (Extraversion/Dominanz)	▪ Durchsetzungsfähigkeit ▪ Initiativkraft ▪ Entscheidungsschnelligkeit ▪ Kontaktfähigkeit ▪ Flexibilität ▪ Organisationsfähigkeit
BETA „Beziehung" (Verträglichkeit)	▪ Warmherzigkeit ▪ Einfühlungsvermögen ▪ Fürsorglichkeit ▪ Teamfähigkeit ▪ Zuhörfähigkeit ▪ Friedfertigkeit

Persönlichkeits-dimensionen	Persönlichkeitsmerkmale
GAMMA „Gewissenhaftigkeit" (Gewissenhaftigkeit)	<ul><li>Gewissenhaftigkeit</li><li>Zuverlässigkeit</li><li>Verantwortungsbewusstsein</li><li>Sorgfalt/Gründlichkeit</li><li>Arbeitsfleiß</li><li>Leistungsmotivation</li></ul>
DELTA „Dickhäutigkeit" (Emotionale Labilität/ Neurotizismus)	<ul><li>Emotionale Stabilität</li><li>Stressresistenz</li><li>Positive Grundstimmung</li><li>Stressbewältigung</li><li>Ärgerbewältigung</li><li>Belastbarkeit</li></ul>
EPSILON „Effektivität" (Erfahrungsoffenheit/ Intellekt)	<ul><li>Komplexitätsbewältigung</li><li>Analytisches Denken</li><li>Systemisches Vorgehen</li><li>Soziale Intelligenz</li><li>Erfahrungsoffenheit</li><li>Kreativität</li></ul>

Grundsätzlich sind alle Persönlichkeitskomponenten bei jedem Menschen vorhanden, allerdings in unterschiedlichen Ausprägungen. Sie können sich das Gesamtbild der Persönlichkeit eines jeden Menschen wie ein Puzzle vorstellen. Jedes

Puzzle hat die exakt gleiche Anzahl von Teilen. Allerdings haben diese bei jedem Menschen unterschiedliche Größen. Das zusammengesetzte Bild zeigt die jeweilige Persönlichkeit. Die Bilder sehen allerdings alle so unterschiedlich aus, wie die Persönlichkeiten es durch die unterschiedlich ausgeprägten Persönlichkeitsmerkmale sind. Die mit einem Big Five-Analyseinstrument gemessenen Werte der Persönlichkeitsmerkmale stehen für die Größe der einzelnen Puzzlestücke. In der Praxis bestehen die Tests meistens aus umfangreichen Fragebögen. Mit der Auswertung der Antworten werden die Ausprägungen der unterschiedlichen Persönlichkeitsmerkmale festgestellt. Es zeigen sich so vollkommen individuelle Persönlichkeitsstrukturen. Diese wiederum hängen eng mit den individuellen Potenzialen zusammen.

Beispiel

 Ein Test zeigt: Bei Herrn Wiegand, einem Vertriebsleiter, sind die Persönlichkeitskomponenten in der Dimension „Extraversion" stark ausgeprägt. Er ist von seiner Veranlagung her ein Macher-Typ, der sich u.a. durch dominantes Auftreten, Risikofreude, schnelles und flexibles Handeln und ausgeprägte Kontaktfreudigkeit auszeichnet. Er wird höchst wahrscheinlich Herausforderungen lieben, abenteuerlustig sein und gerne seine Grenzen austesten.

Der Test zeigt auch: Herr Wiegand hat gleichzeitig eine geringe Ausprägung in der Dimension „Gewissenhaftigkeit". In der Praxis äußert sich dies aller Wahrscheinlichkeit nach so: Er stößt mit unglaublich viel Energie Dinge an und bringt sie nach vorne, versinkt aber dann mangels Organisation im Chaos. Erfolgreiche Verkäufer haben recht häufig eine solche Persönlichkeitsstruktur. Sind sie dann sowohl für die aktive Kundengewinnung als auch für die gesamte Organisation (Terminplanung, Angebotserstellung und -verfolgung, Berichtswesen usw.) verantwortlich, führt dies meist zu negativen Ergebnissen. Der fehlende Erfolg, aber auch die Beschäftigung mit ungeliebten, nicht der Persönlichkeitsstruktur entsprechenden Aufgaben erzeugen Frustration. Eine Möglichkeit für solche Menschen, wieder erfolgreich und zufrieden zu werden ist, sich voll auf die eigenen Stärken zu konzentrieren und den Teil, der ihnen nicht liegt, zu delegieren bzw. abzugeben (Back-Office).

Im Beispiel wird auf nur zwei Dimensionen einer Persönlichkeit eingegangen. Sie besteht jedoch immer aus sämtlichen Persönlichkeitskomponenten aller fünf Dimensionen in unterschiedlicher Ausprägung. Im wirklichen Leben ist die Analyse einer Persönlichkeitsstruktur daher auch eine komplexere Angelegenheit als im Beispielsfall.

Grundsätzlich sind alle Ausprägungen der Persönlichkeitskomponenten zunächst wertfrei zu sehen. Eine starke Ausprägung ist nicht immer positiv, eine schwache Ausprägung nicht immer negativ. Eine extrem starke Ausprägung kann z. B. auch schnell zu einer Schwäche werden. Die Bewertung ist immer von der Gesamtsituation, in der man sich befindet, abhängig bzw. von den persönlichen Lebens- und Karrierezielen. Erst durch das Herstellen eines direkten Bezugs zu

- dem Lebensumfeld bzw. der Lebenssituation,
- der Umgebung,
- dem Verhalten,
- den vorhandenen Glaubenssätzen,
- der individueller Wertestruktur,
- der Identität und
- der Zugehörigkeit

der jeweiligen Person erhalten die in einer Analyse gemessenen Ausprägungen der Persönlichkeitskomponenten Aussagekraft. Sie können dann individuell gewertet werden als

- Stärken,
- Schwächen,
- Grenzen.

Beispiel

 Für einen angehenden Wirtschaftsanalysten wirken sich sehr schwach ausgeprägte Persönlichkeitskomponenten in der Dimension „Gewissenhaftigkeit" (Zuverlässigkeit, Verantwortungsbewusstsein, Sorgfalt/Gründlichkeit, Arbeitsfleiß, Leistungsmotivation) sicherlich eher negativ auf seine berufliche Entwicklung aus. Von Analysten wird selbstverständlich zu Recht erwartet, dass sie in diesen Bereichen Stärken haben. Hohe Ausprägungen in der Dimension „Verträglichkeit" (Warmherzigkeit, Einfühlungsvermögen, Fürsorglichkeit, Teamfähigkeit, Zuhörfähigkeit, Friedfertigkeit) würden ihn eher von seinen Aufgaben ablenken, als ihm förderlich sein, da er sich dann deutlich mehr auf sein Umfeld, seine Kollegen und Mitmenschen sowie deren Belange konzentrieren würde, als auf die Fakten, die wichtig für seine Analysen sind.

Für einen angehenden Sozialarbeiter sind starke Ausprägungen in der Dimension „Verträglichkeit" sehr positiv. Er muss Einfühlungsvermögen haben und sehr gut zuhören können. Ihm wären andererseits hohe Ausprägungen in der „Gewissenhaftigkeit" weniger hilfreich, da dann die Gefahr besteht, dass er eher Analysen erstellt, als mit den Menschen arbeitet, und dass er Schwierigkeiten hat, unvorhergesehene Situationen durch schnelle Entscheidungen zu bewältigen. Ideal wären hingegen höhere Ausprägungen in der Dimension „Aktivität" (Durchsetzungsfähigkeit, Initiativkraft, Entscheidungsschnelligkeit, Kontaktfähigkeit, Flexibilität, Organisationsfähigkeit).

All das zeigt: Wer seine Potenziale erkennen will, muss seine Persönlichkeit kennen. Zum einen kann das durch einen wissenschaftlich fundierten Test, d.h. einem Analyseinstrument kombiniert mit professioneller Beratung geschehen. Zum anderen kann man sich natürlich auch durchaus selbst mit sich und seiner Persönlichkeit auseinandersetzen und so bereits sehr viel über sich in Erfahrung bringen. Hilfestellung bietet die nachfolgende Checkliste, die natürlich eine ausführliche, wissenschaftlich fundierte Persönlichkeitsanalyse nicht ersetzen kann. Sie zeigt jedoch die wesentlichen Merkmale auf und regt zum Nachdenken über die eigene Persönlichkeit an.

Checkliste: Nachdenken über die eigene Persönlichkeit

- Bin ich ...
    - eher introvertiert oder eher extrovertiert?
    - eher altruistisch (um das Wohl des Anderen bemüht) oder egozentrisch?
    - analytisch, auf die Sache fokussiert oder eher unmethodisch und spontan?
    - erfahrungsoffen oder eher konservativ, bewahrend?
    - belastbar und dickfellig oder stressanfällig und sensibel?
- Welche Persönlichkeitsmerkmale schätze ich als besonders ausgeprägt ein?

- Welche meiner ausgeprägten Persönlichkeitsmerkmale lebe ich aktiv? In welchen Bereichen meines Lebens tue ich das?

- Welche meiner ausgeprägten Persönlichkeitsmerkmale lebe ich nicht aktiv aus? Warum nicht? Sind diese Merkmale in meiner aktuellen beruflichen oder privaten Lebenssituation nicht gefordert, nicht erwünscht oder mangelt es mir an dem nötigen Selbstvertrauen?

- Wo sehe ich meine individuellen Stärken? Wo sehe ich meine Schwächen?

Wenn Potenziale brach liegen

Stark ausgeprägte Persönlichkeitsmerkmale wollen aktiv gelebt werden. Geben die individuellen Lebensumstände, das berufliche Umfeld oder die Stellenbeschreibung dies nicht her, suchen wir unbewusst nach Möglichkeiten, wie diese Potenziale genutzt werden können.

Beispiel

 Ein Buchhalter weist sehr starke Ausprägungen in den Persönlichkeitsmerkmalen „Kontaktfähigkeit", „Initiativkraft" und „Erfahrungsoffenheit". Er hat aber außer zu zwei Kollegen, die mit ihm das Büro teilen, beruflich keine weiteren Kontakte. Er wird eventuell in der Freizeit eine Bürgerinitiative ins Leben rufen, den Posten eines Vereinssprechers übernehmen oder karitativ tätig sein.

Je weniger die eigenen Persönlichkeitsmerkmale mit sehr starker Ausprägung im Berufsleben genutzt werden können, desto eher besteht der Drang, diese intensiv z. B. in der Freizeit auszuleben. Die Nutzung der eigenen, individuellen persönlichen Potenziale bildet die Basis für Erfolg und Zufriedenheit. Daher besteht die Gefahr, dass nur der Freizeitbereich langfristig zu mehr Erfolgserlebnissen und Zufriedenheit führt, während das Berufsleben als immer beschwerlicher wahrgenommen wird. Diese Situation ist nicht nur schlecht für den langfristigen beruflichen Erfolg, die persönliche Zufriedenheit und das Wohlbefinden, sondern kann in Extremfällen auch gesundheitliche Folgen haben und sogar zu Depressionen oder Burnout führen.

> Wer seine eigenen, individuellen Potenziale kennt und bewusst nutzt, baut auf seinen Stärken auf und lebt so deutlich erfolgreicher und zufriedener, als jemand, der sich darauf konzentriert, seine Schwächen auszugleichen.

Wie lebe ich aktuell – privat und beruflich?

Es gibt verschiedene Situationen, die eine Veränderung der Lebenssituation zur Folge haben können: Die eine wird durch äußere Faktoren bedingt und die andere kann zwingend werden, wenn einem die innere Unzufriedenheit keine Ruhe mehr lässt.

Beispiel

 Ein 30-jähriger Programmierer erfährt, dass seine Niederlassung bald geschlossen wird. Es fällt ihm schwer, sich wieder als Programmierer zu bewerben, da er diesen Job zwar gut, aber nicht unbedingt mit Freude und Leidenschaft gemacht hat. Er diente ausschließlich dem Geldverdienen und erschien ihm als zukunftssicher. Erfolg und Zufriedenheit holt er sich in der Freizeit, wo er sich in zahlreichen sozialen Projekten engagiert. Er hat durch den anstehenden Verlust des Arbeitsplatzes die Chance, sich beruflich völlig neu zu orientieren und seine zukünftige berufliche Entwicklung basierend auf seinen individuellen Potenzialen aufzubauen. Selbst wenn er dafür in einer Übergangsphase noch die notwendigen Qualifizierungen erwerben müsste, könnte er seine Leidenschaft zu seiner Berufung machen und mit der Arbeit in sozialen Projekten erfolgreich und zufrieden sein Geld verdienen.

Wenn sich die äußeren Umstände ändern

Oft sind es die äußeren Umstände, die eine Veränderung zu einem Muss machen, so z. B.:

- der Wiedereinstieg ins Berufsleben nach der Kindererziehung oder nach einer langen Krankheit,
- der Verlust des Arbeitsplatzes,
- die Versetzung an einen anderen Einsatzort oder
- ein Wohnortwechsel.

In solchen Situationen liegt die Entscheidung bei Ihnen: Wollen Sie das, was Sie bisher getan haben, mit anderen Rahmenbedingungen (anderer Arbeitgeber, anderer Wohnort usw.) fortsetzen? Oder wollen Sie Grundlegendes ändern?

Jetzt haben Sie die Chance dazu! Stellen Sie sich selbstkritisch Fragen zu Ihrer bisherigen Zufriedenheit im Berufsleben:

- Haben Sie z.B. durch Kündigung oder Versetzung Ihren Traumjob verloren oder würden Sie, wenn Sie könnten, andere Aufgaben oder Verantwortungsbereiche bevorzugen?

- Entsprach das, was Sie bisher gemacht haben, Ihrer individuellen Persönlichkeitsstruktur, Ihren Kenntnissen, Fähigkeiten und Kompetenzen? Konnten Sie wirklich Ihre individuellen Stärken aktiv nutzen?

Wenn Sie unzufrieden mit Ihrer Situation sind

Veränderungsbedarf kann auch ohne den Zwang der äußeren Umstände entstehen. Besonders dann, wenn Sie immer wieder die folgenden Fragen beschäftigen, sollten Sie sich überlegen, wie zufrieden Sie mit Ihrer jetzigen Lebenssituation sind:

- Warum habe ich dauernd das Gefühl, „im falschen Film zu sein"?

- Warum fühle ich mich immer wieder fremdgesteuert?

- Warum bin trotz erfolgreicher Karriere unzufrieden?

- Warum habe ich nie Zeit für die Dinge, die ich eigentlich tun möchte?

Je schwerer Ihnen etwas fällt und je unzufriedener Sie sind, umso mehr deutet das darauf hin, dass Ihre Tätigkeit nicht auf der aktiven Nutzung Ihrer individuellen Potenziale basiert.

Denken Sie dazu noch einmal an das Beispiel mit der Schule am Anfang dieses Buches. Wenn Sie Tätigkeiten ausüben (wie damals das Lernen für bestimmte Schulfächer), die nicht Ihren Potenzialen entsprechen, bedeutet das immer, dass Sie zur Erledigung dieser Aufgaben und Tätigkeiten einen erhöhten Aufwand betreiben müssen. Diese Arbeiten fallen Ihnen nicht leicht, Sie müssen sich ständig selbst motivieren, lassen sich (gerne) ablenken und fühlen sich am Ende müde und ausgepowert. Oft sind Ihre Gedanken dann bei anstehenden Aufgaben im Feierabend, die Sie gerne erledigen und auf die Sie sich freuen.

Bei Tätigkeiten, die Ihren Potenzialen entsprechen, ist das dagegen ganz anders: Die Aufgaben fallen Ihnen leicht (im Extremfall fühlen Sie sich sogar unterfordert), sie machen Ihnen Spaß und Sie sind gerne bereit, auch mehr als gefordert zu leisten.

Der Zufriedenheitstest

Um herauszufinden, in welchen Bereichen Ihres Lebens Sie Dinge tun, ohne Ihre individuellen Potenziale zu nutzen, hilft ein Blick in die folgende Checkliste.

Geben Sie hier jeweils den Grad Ihrer Zufriedenheit auf einer Skala von 0 (vollkommen unzufrieden) bis 10 (vollkommen zufrieden) an. Denken Sie daran, dass dies Ihre ganz persönliche Checkliste ist. Seien Sie also ehrlich zu sich selbst!

Checkliste: Meine Zufriedenheit

Wie zufrieden sind Sie auf einer Skala von 1 bis 10 …
… allgemein?
… im Beruf
▪ mit Ihrem beruflichen Umfeld (z.B. Unternehmenskultur, Stimmung im Unternehmen, Kollegen, Arbeitsbedingungen)?
▪ mit Ihrer Tätigkeit (z.B. Unterforderung oder Überforderung, Abwechslung, Herausforderung)?
▪ mit Ihren Entwicklungsmöglichkeiten?
… im Privatleben
▪ mit Ihrer Partnerschaft/Ihrem Single-Dasein?
▪ mit Ihrer Familie?
▪ mit Ihrem Freundeskreis?
▪ mit Ihren privaten Aktivitäten (z.B. Hobbys, Sport, Verein)?

Je niedriger der jeweilige Wert ist, desto wichtiger ist eine Veränderung in diesem Lebensbereich.

Schauen Sie sich jetzt die Punkte mit niedrigen Zufriedenheitswerten an. Das sind die Bereiche in Ihrem Leben, in denen Sie sehr wahrscheinlich Ihre individuellen Potenziale nicht oder nicht ausreichend nutzen. Beantworten Sie für jeden der von Ihnen als problematisch identifizierten Bereiche nun folgende Fragen.

Leitfaden: Analyse eines kritischen Lebensbereichs

1. Welche Kompromisse akzeptiere ich in diesem Lebensbereich?

2. Wovon möchte ich mehr haben?

3. Wovon möchte ich weniger haben?

4. Welche Dinge tue ich regelmäßig, die mich persönlich in meiner Weiterentwicklung bremsen?

5. Habe ich das Gefühl, ich tue das, was ich schon immer tun wollte? Wenn nicht, was wollte ich schon immer tun?

6. Was genau bringt mir Erfolg? Oder bin ich hier so unzufrieden und blockiert, dass ich praktisch keine Erfolgserlebnisse habe?

7. Was sollte in diesem Lebensbereich mehr Anerkennung erfahren?

8. Was müsste sich ändern, damit dieser Lebensbereich aus meiner persönlichen Sicht perfekt wäre?

Der erste wichtige Schritt für jede Art von Veränderung ist jetzt getan: Sie haben einen Soll-Ist-Vergleich Ihrer Lebenssituation erstellt und kennen die kritischen Punkte, die Sie ändern sollten, um zufriedener sein zu können.

Was motiviert mich bei meinem Tun?

Der nächste Schritt führt Sie zu Ihren individuellen Beweggründen und verschafft Ihnen Klarheit darüber, warum Sie genau das tun, was Sie tun: Ihre Motivation. Nur dann, wenn Sie genau wissen, was Sie motiviert, können Sie für sich bewerten, ob Sie weiterhin so handeln möchten oder etwas ändern möchten. Viele Dinge tun Sie regelmäßig und aus Gewohnheit. Haben Sie je darüber nachgedacht, aus welchen Beweggründen Sie agieren, Gewohnheiten beibehalten und sich in einer bestimmten Weise verhalten?

Vorsicht Falle:
die individuelle Komfortzone

Eigentlich sollte man meinen, dass jeder Mensch bestrebt wäre, sich seiner eigenen Potenziale bewusst zu werden, diese aktiv zu nutzen und die eigenen Lebensziele entsprechend auszurichten. Es gibt allerdings einige durchaus nachvollziehbare Beweggründe, warum die Mehrheit der Menschen genau dies nicht tut:

- Angst vor Veränderungen und dem Unbekannten
- Aufrechterhaltung der gewohnten Stimmung
- Beibehaltung der vertrauten Perspektive
- Bestätigung der eigenen Auffassungen, Sichtweisen und Erwartungen durch Freunde, Bekannte, Kollegen

Übung: Entdecken Sie Ihre Komfortzone

Überlegen Sie, wie viele Menschen Sie kennen, die sich immer wieder über ein und dieselbe Situation beklagen. Von wie vielen dieser Menschen wissen Sie, dass sie aktiv an einer Änderung dieser Situation arbeiten, und bei wie vielen Menschen gehen Sie davon aus, dass Sie auch noch Jahre später dieselben Klagen hören werden?

Richten Sie dann Ihren Fokus auf sich selbst: Beklagen auch Sie sich immer wieder über dieselbe Situation? Arbeiten Sie bereits aktiv daran, diese zu verändern? Oder finden Sie immer wieder Gründe und Ausreden, warum Sie alles so belassen, wie es ist? Haben Sie sich ertappt?

Verlassen Sie sich darauf: Sie sind nicht allein. Vertrautes und Gewohntes geben ein Gefühl der Sicherheit. Schätzungen zufolge leben ca. 92 % der Menschen innerhalb ihrer jeweiligen Komfortzone. Das heißt, sie bewegen sich in einem Umfeld, das ihre physiologischen und sozialen Bedürfnisse sowie ihr Bedürfnis nach Sicherheit befriedigt. Sie haben einen Status Quo, den sie halten möchten.

Übersicht: Gefühle und Chancen inner- und außerhalb der Komfortzone

Innerhalb der Komfortzone	Außerhalb der Komfortzone
■ Geborgenheit	■ Unsicherheit
■ Sicherheit	■ Risiko
■ Bequemlichkeit	■ Action
■ Ordnung	■ Unübersichtlichkeit
■ Routine	■ Herausforderungen
■ Erfolgsmöglichkeiten: begrenzt auf die Zone	■ Erfolgsmöglichkeiten: unbegrenzt
■ Weitgehend stabile Emotionen	■ Starke Emotionen von „zu Tode betrübt" bis hin zu „himmelhoch jauchzend"
■ Entwicklungs- und Wachstumsmöglichkeiten eingeschränkt	■ Entwicklungs- und Wachstumsmöglichkeiten uneingeschränkt

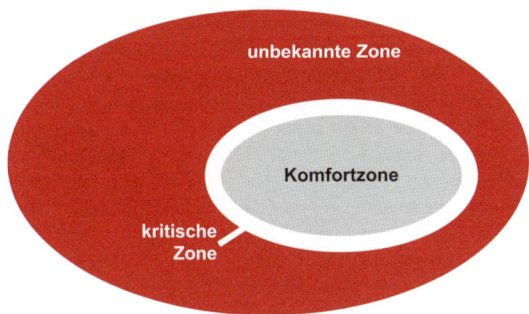

Die Komfortzone

Um Veränderungen einleiten und realisieren zu können, muss die Komfortzone verlassen werden. Das erfordert immer und von jedem Mut sowie eine gewisse Risikobereitschaft. Die nachfolgenden Beispiele zeigen typische Situationen, in denen sich Menschen für den Verbleib in ihrer Komfortzone entscheiden bzw. dafür, diese zu verlassen. Wichtig ist hier, dass es kein generelles „richtig" oder „falsch" für eine Entscheidung gibt. Letztendlich muss jeder Mensch sich genau überlegen, was er im Leben erreichen will, wie er sein Leben gestalten will und welche Prioritäten er setzt. Diese Entscheidung kann ihm niemand abnehmen. Hier ist immer ein hohes Maß an Eigenverantwortung gefragt.

Beispiel

 Fokus auf Sicherheit: Der Sohn eines bekannten und erfolgreichen Juristen hat eine große Leidenschaft: Architektur. Als er sich für ein Studium entscheiden muss, hat er die Erfolgsstory seines Vaters vor Augen. Gleichzeitig warnt ihn seine Familie vor der unsicheren beruflichen und finanziellen Zukunft von Architekten. Also studiert er Jura.

Fokus auf Sicherheit und Routine: Eine junge Frau arbeitet als Sachbearbeiterin in einem renommierten Unternehmen. Sie beklagt sich bei ihrem Umfeld ständig über das schlechte Arbeitsklima, zu viele Überstunden und langweilige Aufgaben. Eine Bekannte macht sie darauf aufmerksam, dass eine Freundin von ihr auswandert und deren Stelle neu besetzt wird. Diese Freundin hat eine ähnliche Ausbildung und arbeitet in einem Unternehmen, in dem die Mitarbeiter ihre Arbeitszeit sehr flexibel gestalten können und in dem ein sehr gutes Betriebsklima herrscht. Die junge Frau bewirbt sich jedoch nicht, weil sie sich mit zu vielen neuen, unsicheren Aspekten auseinander setzen müsste: Probezeit, Kollegen, Arbeitsbedingungen, Arbeitsweg, andere Aufgaben.

Fokus auf Entwicklungschancen: Im Europa des 18. und 19. Jahrhunderts sahen viele Menschen keine Perspektive für sich und ihre Familien. Sie hatten ein Dach über dem Kopf, aber keine Entwicklungsmöglichkeiten und wollten mehr Freiheit. Einige von ihnen verließen ihre Heimat und damit ihre Komfortzone und wanderten aus. Erst durch diesen drastischen Schritt in eine unsichere Zukunft war es überhaupt möglich, ihr Leben zu verändern.

Ein entscheidender Aspekt, der Menschen dazu veranlasst, in der Komfortzone zu verbleiben oder nicht, liegt in ihren Bedürfnissen. Der US-amerikanische Psychologe Abraham Maslow hat in seiner „hierarchischen Ordnung der Werte" beschrieben, wonach Menschen zu welchen Zeitpunkten streben.

Selbstverwirklichung

Wachstum, Entwicklung
neuer Ziele,
Streben nach Ausschöpfung
aller Ressourcen,
sinnvolles Schaffen

Anerkennung

Status, Prestige,
Macht, Respekt

Soziale Bedürfnisse

Liebe, Geborgenheit,
Zugehörigkeit,
zwischenmenschliche Kontakte

Sicherheitsbedürfnisse

Sicherung der physiologischen
Bedürfnisse, der Existenz, des Verhaltensspielraums,
Bestandssicherung, Schutz vor Bedrohung

Physiologische Bedürfnisse

Nahrung, Luft, Schlaf, Sexualität, Beschäftigung und Aktivität

Wachstumsbedürfnisse

Defizitbedürfnisse

Die Bedürfnispyramide (nach Abraham Maslow)

Die unteren drei Stufen der Pyramide bilden die sog. Defizitbedürfnisse ab, während die oberen beiden Stufen die Wachstumsbedürfnisse darstellen.

Was hat das jedoch mit der oben beschriebenen Komfortzone
zu tun? Bevor ein Mensch nach Erfüllung der Wachstumsbedürfnisse strebt, müssen erst seine Defizitbedürfnisse erfüllt sein. Sind diese befriedigt, fühlen sich viele Menschen
bereits sicher und wohl und richten sich entsprechend in ihrer
Komfortzone ein. Um die Bedürfnisse nach Anerkennung und
Selbstverwirklichung zu befriedigen, müssten sie aus ihrer
Komfortzone heraustreten.

Beispiel

Die Annahme einer Beförderung, die einhergeht mit der Über-
nahme von mehr Verantwortung, verstärkter Reisetätigkeit und
sehr unregelmäßigen Arbeitszeiten, bedeutet einen Schritt aus
der Komfortzone. Gleichzeitig führt sie zu mehr Einfluss, Macht
und einem höheren Status, was wiederum die Wachstumsbedürfnisse befriedigt.

Menschen haben unterschiedliche Ansprüche an die Befriedigung ihrer Bedürfnisse. Das ist sowohl abhängig von der
jeweiligen Kultur, dem sozialen Umfeld, als auch den eigenen
Wertvorstellungen. Während für einige Menschen zur Befriedigung des Bedürfnisses nach Nahrung das reicht, was zum
Überleben notwendig ist, verstehen andere darunter regel-
mäßige Mahlzeiten am Tag bis hin zu speziellen Anforderungen an diese (jeden Tag Fleisch, Bioqualität, vegan usw.).

Menschen, die bestrebt sind, ihre Wachstumsbedürfnisse zu befriedigen, setzen sich in der Regel immer wieder neue Ziele und verlassen ihre Komfortzone, die sie mit jedem erreichten Ziel erweitern. Damit steigen auch ständig die Ansprüche an die Befriedigung der eigenen Bedürfnisse.

Das bedeutet nicht unbedingt auch eine ständige Erweiterung der Ansprüche an die Befriedigung der Defizitbedürfnisse. Oft genug ist für den jeweiligen Menschen ein Standard erreicht, an dessen Erweiterung er kein Interesse mehr hat.

Beispiel

Herr Schultz hat einen festen Job. Mit seinem Gehalt finanziert er seine Wohnung, seine Lebensmittel und sein Auto. Seit vielen Jahren ist er glücklich verheiratet. Er hat seine Defizitbedürfnisse für sein Empfinden befriedigt. Anerkennung und Selbstverwirklichung findet er im Sport. Er trainiert hart und jeder Sieg befriedigt ihn.

Anders Herr Müller, der zwar eine ähnliche Ausgangssituation wie Herr Schultz hat, aber Anerkennung und Selbstverwirklichung im Job sucht. Er strebt nach Erfolg und verbunden damit nach Status. Mit jeder Befriedigung eines Wachstumsbedürfnisses (z.B. Gehaltserhöhung), steigen auch die Ansprüche in den Defizitbedürfnissen (z.B. bessere, sichere Wohngegend, größere Wohnung usw.).

Wenn Sie sich über eine Situation beschweren, fragen Sie sich: Hat das mit einem nicht befriedigten Wachstumsbedürfnis zu tun? Müssen Sie, um etwas verändern zu können, Ihre Komfortzone verlassen?

Raus aus der Falle – mit Plan

Während viele Menschen aus Angst vor dem Unbekannten ihre Komfortzone nicht verlassen und jede Veränderung scheuen, gibt es auch das andere Extrem: diejenigen, die ihre Komfortzone spontan und unüberlegt aufgrund von starken negativen Emotionen wie Ärger, Frust, Wut, Verzweiflung verlassen. Das Risiko des Scheiterns ist hier hoch.

Beispiel

 Frau Schmidt ist mit ihrem Arbeitsplatz vollkommen unzufrieden. Sie sieht keine Perspektive, muss sich jeden Morgen erneut ins Büro quälen und kommt jeden Abend genervt und mit schlechter Laune nach Hause. Sie klagt ihrem Umfeld ihr Leid, setzt sich aber nicht mit Lösungsmöglichkeiten auseinander. Stattdessen kündigt sie spontan ihren Job, als sie wieder einmal eine Situation erlebt, die sie als ungerecht und erniedrigend empfindet. Sie hat sich mit der Kündigung zwar entschieden, ihre Komfortzone zu verlassen, weiß aber noch nicht, wie und wovon sie zukünftig leben soll. Damit setzt sie sich selbst unter enormen Druck. Statt sich auf die Befriedigung ihrer Wachstumsbedürfnisse zu konzentrieren, muss sie sich jetzt vorrangig um ihre Defizitbedürfnisse kümmern: Sie muss ihre Existenz sichern.

Damit das Verlassen der Komfortzone zu einer positiven Veränderung führt, sollten Sie planvoll in folgenden Schritten vorgehen:

Schritt für Schritt zur positiven Veränderung

	1.	Analyse der Ist-Situation
	2.	Selbstbewusstsein: genaue Kenntnis Ihrer individuellen Persönlichkeitsstruktur, Talente, Fähigkeiten und Motivation
	3.	Klare Definition Ihres persönlichen Ziels
	4.	Selbstverantwortung: Risikoabwägung und Mut, um die Veränderungen aktiv anzugehen
	5.	Aktivierung der Ressourcen
	6.	Selbstvertrauen aufbauen und Selbstverantwortung übernehmen

Wie Sie diese Schritte im Einzelnen gehen können, erfahren Sie in den folgenden Kapiteln.

Erkennen der eigenen Motivation

Sehr wahrscheinlich konnten Sie anhand der Ist-Analyse den einen oder anderen Bereich Ihres Lebens identifizieren, der Ihnen nicht den Erfolg und die Zufriedenheit bringt, die Sie sich wünschen. Sehr wahrscheinlich ist auch, dass Sie in genau dem Bereich, in dem Sie unzufrieden sind, etwas tun, was nicht auf Ihren Potenzialen basiert. Die Frage ist hier jetzt, was Sie jeweils dazu antreibt, das zu tun, was Sie tun. Nur wenn Sie Ihre jeweilige Motivation kennen, können Sie entscheiden, ob Sie sich weiterhin so verhalten möchten, oder ob Sie etwas verändern wollen. Vielleicht stellen Sie ja fest, dass Sie etwas aus einer Motivation heraus tun, die für Sie zum heutigen Zeitpunkt nicht mehr akzeptabel ist. Das müssen Sie für sich in jedem Einzelfall bewerten, um dann Ihre Entscheidung treffen. Worin besteht also Ihre Motivation, sich so zu verhalten, wie Sie es aktuell tun? Um das herauszufinden, helfen Ihnen die folgenden Fragen.

Leitfragen: Was ist meine Motivation?

Lebensbereich, in dem ich Veränderungen anstrebe	Fragen
Beruf	▪ Warum tue ich das, was ich tue (abgesehen vom Geld)? ▪ Warum übe ich weiterhin meine Tätigkeit aus, abgesehen von der (vermeintlichen) Sicherheit? ▪ Was will ich mit dem, was ich tue, erreichen? ▪ Wer hat davon einen Nutzen? ▪ Welches Bedürfnis (nach Maslow) möchte ich primär befriedigen?
Partnerschaft	▪ Aus welchem Grund lebe ich mit meinem Partner zusammen? ▪ Welche Zukunft kann ich mir für meine Partnerschaft vorstellen? ▪ Wer hat davon einen Nutzen bzw. ist damit glücklich? Beide oder nur einer? Wenn nur einer, dann wer?

Lebensbereich, in dem ich Veränderungen anstrebe	Fragen
	■ Welches Bedürfnis (nach Maslow) möchte ich mit der Partnerschaft primär befriedigen?
Freundeskreis	■ Warum verbringe ich meine Freizeit mit diesem Freundeskreis?
	■ Was will ich mit dem, was ich im Freundeskreis tue, erreichen?
	■ Wer hat davon einen Nutzen? Ich selbst oder andere?
	■ Welches Bedürfnis (nach Maslow) möchte ich mit den Freundschaften primär befriedigen?
Familie	■ Aus welchem Grund lebe ich mit meiner Familie wirklich zusammen?
	■ Welche Zukunft kann ich mir für meine Familie, meinen Partner/Partnerin, mein Kind/Kinder, mich selbst vorstellen?
	■ Wer hat davon einen Nutzen bzw. ist damit glücklich? Wer profitiert?
	■ Welches Bedürfnis (nach Maslow) möchte ich durch das Zusammenleben mit meiner Familie primär befriedigen?

Mit diesen Fragen finden Sie heraus, ob Sie mit dem, was Sie tun, eigene Interessen verfolgen und damit zur Ihrem Wohlergehen, zur eigenen Zufriedenheit und zum eigenen Erfolg beitragen. Es kann durchaus sein, dass Sie in dem einen oder anderen Lebensbereich feststellen, dass Sie sehr viel Energie in eine Sache stecken, die ausschließlich die Interessen anderer Menschen befriedigt. Fragen Sie sich dann, was Sie zu einem solchen Handeln motiviert. Welches Bedürfnis (nach Maslow) wollen Sie erfüllen?

Dann müssen Sie für sich die Entscheidung treffen: Ist das so für mich in Ordnung oder will ich etwas verändern?

Leitfaden: Schritt für Schritt zur Selbsterkenntnis

 1. Meine Zufriedenheit:

- Welche Bereiche meines Lebens würde ich gerne ändern?

- Was wünsche ich mir zukünftig für diese Bereiche?

 2. Meine Komfortzone:

- Wie sieht meine ganz persönliche Komfortzone aus?

- Was reizt mich außerhalb meiner Komfortzone?

- Für welche von mir angestrebten Änderungen müsste ich meine Komfortzone verlassen?

3. Meine Motivation:

- Gibt es ein oder mehrere Wachstumsbedürfnisse, die ich befriedigen will?

- Welche meiner Persönlichkeitsmerkmale möchte ich zukünftig aktiver leben?

- Verfolge ich meine eigenen Ziele oder die anderer Menschen?

Übung: Kurzes Resümee

Fassen Sie für sich zusammen, was Sie bis hier über sich selbst erfahren haben:

- Einschätzung zu Ihrer Persönlichkeitsstruktur
- der Grad Ihrer Zufriedenheit in verschiedenen Lebensbereichen
- Ihr Wunsch nach bestimmten Veränderungen
- Ihre individuelle Komfortzone
- Ihre Motivation

> Wenn Sie in einem Lebensbereich nicht so erfolgreich und zufrieden sind, wie Sie es sich wünschen: Finden Sie heraus, was Sie dabei motiviert, wem dieses Verhalten nutzt und wessen Ziele Sie dabei verfolgen. Erst wenn Sie darüber Klarheit gewonnen haben, sollten Sie entscheiden, ob Sie tatsächlich etwas verändern wollen.

Selbsterkenntnis: Bin ich bereit für eine Veränderung?

Sie haben bereits einige Fragen zu sich und Ihrer aktuellen Situation beantwortet, die sicherlich weder bequem noch einfach waren, Ihnen aber mehr vermutlich mehr Klarheit gebracht haben. Jetzt stellt sich die Frage nach Ihrer Bereitschaft zu einer Veränderung. Bei den äußeren Umständen ergibt sich das ja von selbst. Bei der inneren Unzufriedenheit ist das nicht ohne weiteres so. Hier sollten Sie beobachten, wie sich Ihre innere Unzufriedenheit auswirkt:

- Sind Sie schlecht gelaunt und ziehen Sie sich von Ihren Freunden zurück?
- Sind Sie nicht mehr so leistungsfähig wie früher? Fühlen Sie sich müde und ausgepowert?
- Sind Sie öfter krank als früher?
- Gibt es Anzeichen für eine Depression oder einen Burnout?

Diese Alarmzeichen sind ein Hinweis darauf, dass in Ihrer aktuellen Situation etwas nicht stimmt. Die folgenden Übungen helfen Ihnen dann weiter.

Übung: Was ist in 10 Jahren?

Wie werde ich in 10 Jahren leben und was werde ich erreicht haben, wenn ich meinen jetzigen Kurs beibehalte? Gefällt Ihnen Ihre Antwort? Sind Sie in 10 Jahren ein glücklicher, zufriedener Mensch, der alles erreicht hat, was er sich bis dahin vorgenommen hat?

Wenn ja, Glückwunsch! Wenn nicht, sollten Sie anfangen, etwas zu ändern.

Übung: Wie viel Zeit haben Sie für Veränderungen?

Wollen Sie herausfinden, wie schnell Sie Veränderungen anstreben sollten? Nehmen Sie dazu ein Maßband (100 cm) und eine Schere zur Hand. Stellen Sie sich vor, die auf dem Band angegebenen Einheiten wären nicht Zentimeter, sondern Jahre. Schneiden Sie das Band bei Ihrem aktuellen Lebensjahr durch.

- Geht es um eine berufliche Veränderung, schneiden Sie das Band zusätzlich im Lebensjahr durch, in dem Sie planen in Rente zu gehen. Das Reststück zeigt Ihnen die Dauer des noch vor Ihnen liegenden Berufslebens.

- Geht es um eine Veränderung im privaten Umfeld, sehen Sie sich einfach an, wie viele Jahre Ihnen noch bis zum 100. Geburtstag bleiben.

Wie viele Jahre bleiben übrig, um eine Veränderung zu realisieren? Was passiert, wenn Sie jetzt nichts unternehmen?

Wie viel Zeit haben Sie noch?

Wenn Sie etwas ändern wollen, fangen Sie so schnell wie möglich damit an – je länger haben Sie die Chance, die Früchte Ihres Erfolges zu genießen.

> Wir sind nicht nur verantwortlich für das, was wir tun, sondern auch für das, was wir nicht tun." (Voltaire)

Auf einen Blick: Meine Lebenssituation erkennen

- Ihre individuellen Potenziale (Talente, Fähigkeiten, Kenntnisse, Persönlichkeitsmerkmale) machen Sie einzigartig und unverwechselbar. Wer sie auslebt, legt die Basis für Erfolg und Zufriedenheit.

- Fehlen Erfolg und Zufriedenheit in einem Lebensbereich, gilt es herauszufinden, ob Sie sich Ihrer Potenziale vollkommen bewusst sind und diese auch aktiv nutzen.

- Menschen haben unterschiedliche Bedürfnisse: Für einige steht die Sicherung des Status Quo im Vordergrund, während andere nach Veränderung, Wachstum und Entwicklung streben. Um diese Bedürfnisse befriedigen zu können, muss die individuelle Komfortzone verlassen werden.

- Bei einigen Menschen sind es fremdgesteuerte Situationen, die eine Veränderung notwendig machen, andere sind unzufrieden mit dem einen oder anderen Lebensbereich.

- Menschen handeln aus unterschiedlichen Motivationen. Wer seine eigenen Beweggründe kennt, kann frei entscheiden, ob er eine Situation unverändert beibehalten möchte oder eine Veränderung anstrebt.

Entdecken: meine Potenziale

Finden Sie heraus, über welche bekannten, unbekannten und vergessenen Potenziale Sie verfügen.

In diesem Kapitel erfahren Sie,

- wie Sie Ihre Potenziale erkennen,
- wie Sie herausfinden, was andere Menschen an Ihnen schätzen und was das über Ihre Potenziale aussagt,
- was in Ihnen schlummert und wie Sie diese verborgenen Schätze neu aktivieren.

Wie mache ich mir verborgene Potenziale bewusst?

Wir können nur diejenigen Potenziale nutzen, die wir kennen. Nun ist es aber längst nicht so, dass wir uns all unserer Persönlichkeitsmerkmale, Talente, Fähigkeiten, Kenntnisse und Kompetenzen auch immer bewusst sind. Viele davon schlummern in uns und müssen erst ans Licht kommen. Dafür ist es sinnvoll, sich diese im wahrsten Sinne des Wortes „vor Augen zu führen" – sie zu visualisieren.

Übung: Der Wachstumsbaum – Teil 1

Bewährt hat sich dazu als Methode „Der Wachstumsbaum".

Schritt für Schritt zum „Wachstumsbaum" – Teil 1

 1. Nehmen Sie sich ein großes Blatt Papier (Flip Chart, Tapete) und Farbstifte.

 2. Zeichnen Sie spontan einen Baum und planen Sie dabei viel Platz für Wurzelwerk und Krone ein. Das Bild des Baumes wird so individuell sein, wie Sie selbst es sind.

3. Schreiben Sie alle Ihnen inzwischen bewusst gewordenen Potenziale in den Wurzelbereich:
   - ausgeprägte Persönlichkeitsmerkmale
   - Talente
   - Kenntnisse und Fähigkeiten
   - Kompetenzen
   Sicherlich werden Sie schon ein gutes Fundament in das Wurzelwerk schreiben können.

Für diese Übung sollten Sie sich Zeit nehmen. Fangen Sie an einem ruhigen Tag damit an, und halten Sie Ihr Bild danach in Reichweite, um es an den folgenden Tagen und Wochen immer wieder zu ergänzen. Sie werden überrascht sein, wie viele Ihrer Potenziale Ihnen so bewusst werden.

Schauen Sie sich dann Ihren ganz persönlichen Baum an: Was sagt allein die Zeichnung über Sie aus?

- Hat Ihr Baum einen sehr geraden Stamm und sind die Einträge bei der Wurzel sehr akkurat vorgenommen (mit Aufzählungszeichen, sortiert etc.)?
- Oder ist der Stamm eher knorrig und sind Ihre Einträge im Wurzelbereich wild verteilt?

Ein sehr gerader Baum mit symmetrisch gezeichneter Krone und übersichtlichem Wurzelwerk deutet darauf hin, dass Sie eher analytisch und strukturiert sind. Der knorrige Baum deutet eher auf einen spontanen, kreativen Menschen hin.

Passt das Bild mit dem zusammen, was Sie bisher über sich herausgefunden haben? Oder sind Sie von Ihrer eigenen Kreativität überrascht? Wenn ja, nehmen Sie Ihre Erkenntnisse erst einmal hin und warten Sie ab, was Sie am Ende dieses Kapitels noch alles über sich herausgefunden haben werden.

Was schätzen andere an mir?

Bis jetzt konnten Sie nur die Potenziale eintragen, die Ihnen bereits bewusst und Ihnen relativ spontan eingefallen sind. Das sind aber längst noch nicht alle. Um sich weiterer Potenziale bewusst zu werden, lohnt es sich herauszufinden, was andere Menschen an Ihnen schätzen. Oft werden Ihnen in diesem Zusammenhang Eigenschaften zugeschrieben, die Sie an sich noch nicht bewusst wahrgenommen haben.

Selbsteinschätzung

Im ersten Schritt sammeln Sie Ihre Antworten auf die folgenden Fragen:

- Mit welchen Anliegen kommen andere Menschen auf mich zu? Was für Persönlichkeitsmerkmale, Talente, Fähigkeiten, Kenntnisse werden dabei nachgefragt?
- In welchen Situationen geschieht das?
- Welche konkreten Aktivitäten werden von mir erwartet?
- Welchen Nachfragen komme ich dabei am liebsten nach?

Erkennen Sie ein bestimmtes Muster? Sind es genau die Potenziale, die Sie für sich bereits erkannt haben, oder werden von anderen noch zusätzliche Talente, Fähigkeiten, Kenntnisse abgefragt, die Ihnen bisher gar nicht bewusst waren? Aus Bitten oder Nachfragen von anderen, die Sie gerne und mühelos erfüllen, können Sie auf verborgene Potenziale schließen.

Beispiel

 Frau Müller ist Sachbearbeiterin in der Buchhaltung. Sie handelt dort grundsätzlich auf Anweisung und arbeitet die anstehenden Aufgaben ab. Privat treibt sie gerne Sport und ist Mitglied im örtlichen Reiterverein. Wenn der Verein Aktionen plant, um Mitglieder zu gewinnen und um Sponsoren für Turniere oder notwendige Materialanschaffungen zu werben, wird immer sie gebeten, Flyer, Texte und Plakate zu gestalten. Sie hat all das stets freudig und mit viel Engagement übernommen und sich anschließend über den Erfolg der Aktion gefreut.

Sie wusste immer, dass sie sehr exakt arbeitet und dies auch ihrer Veranlagung entspricht. Das Persönlichkeitsmerkmal „Kreativität" hat sie bisher nicht mit sich selbst in Verbindung gebracht, obwohl es bei den Vereinsaufgaben die Basis für ihren Erfolg ist.

Insbesondere die Kreativität eines Menschen wird oft übersehen, da sie meist mit künstlerischer Kreativität gleichgesetzt wird. Im Bereich der Potenziale wird sie allerdings deutlich umfassender verstanden. Auch die Entwicklung neuer und innovativer Lösungen im Arbeitsleben basiert z. B. auf Kreativität.

> Oft werden ausgeprägte Potenziale von einem selbst nicht als solche wahrgenommen, sondern als etwas, das „normal" und „selbstverständlich" ist. So kann es sein, dass ein eigentlich sehr offensichtliches Potenzial einem selbst vollkommen unbewusst ist.

Fremdeinschätzung

Sie können Ihre Erkenntnisse zu bisher unbewussten Potenzialen noch weiter ergänzen, indem Sie gezielt Menschen aus Ihrem Umfeld fragen, welche 10 Dinge sie an Ihnen schätzen. So z. B.:

- Ihre Mutter bzw. Ihren Vater

- Geschwister

- Kinder

- Freunde

- Kollegen

- Vorgesetzte

- Menschen, die Sie zum ersten Mal treffen. Das ist ein wenig schwieriger zu beantworten, da Sie hier in aller Regel Menschen auf den ersten Eindruck ansprechen müssen, den Sie gemacht haben, als Sie sich das erste Mal trafen.

Scheuen Sie sich nicht davor, Menschen aus Ihrem Umfeld direkt auf diese Punkte anzusprechen. Sie werden überrascht sein, welche Antworten Sie bekommen.

Dieses Feedback ist zur Komplettierung Ihres Selbstbildes ungeheuer wichtig. Notieren Sie genau, was Sie aus den Antworten für sich erkannt haben.

> Im täglichen Leben können Sie viel über Ihre Potenziale erfahren. Reflektieren Sie nach Gesprächen kurz, was Sie über sich erfahren haben. War Ihnen diese Information bekannt? Passt es zu dem, was Sie bisher schon über sich wussten oder ist es eine neue Information? Notieren Sie sich all diese Punkte.

Übung: Der Wachstumsbaum – Teil 2

Ergänzen Sie die Potenziale im Wurzelbereich, die Ihnen Ihr Umfeld bewusst gemacht hat.

Was schlummert noch in mir?

Sie haben jetzt einen guten Eindruck von Ihren Potenzialen bekommen,

- die Ihnen selbst bekannt sind,
- die andere in Ihnen erkennen.

Allerdings können Sie sicher sein, dass das noch längst nicht all Ihre Potenziale sind. Um auch noch weitere zu erkennen, die in Ihnen schlummern, lohnt es sich, einen Blick in Ihre Vergangenheit zu werfen.

Übung: Der Wachstumsbaum – Teil 3

Hier kommt ein neuer Bereich Ihrer Visualisierung mit dem Wachstumsbaum ins Spiel:

Bisher haben Sie alles, was Sie an Potenzialen selbst oder mit Hilfe anderer Menschen erkannt haben, in den Wurzelbereich eingetragen. Widmen Sie sich jetzt der Baumkrone. Überlegen Sie, was Sie bisher in Ihrem Leben erreicht haben: Sie können hier private und berufliche Dinge notieren, kleine und große, nur Ihnen und auch öffentlich bekannte Erfolge. Hier sollte alles einen Platz finden, was Ihnen jemals als positives Ereignis wichtig war.

> Wenn Sie an alle kleinen und großen Erfolge zurückdenken, genießen Sie die Momente des Erinnerns und gönnen Sie es sich, den Stolz und das Glück, das Sie damals empfunden haben, noch einmal zu fühlen.

Beispiel

Private Erfolge: Au Pair in Neuseeland, Surfwettbewerb gewonnen, glücklich verheiratet, Vorsitzende der Elternpflegschaft, zwei Kinder groß gezogen, Tandemsprung gewagt, sechs Mal umgezogen und sich immer wieder erfolgreich eingelebt, Gründung einer Bürgerinitiative, Marathon gelaufen

Berufliche Erfolge: Abitur, abgeschlossene Ausbildung zur Fremdsprachenassistentin, Praktikum in Japan, berufsbegleitendes BWL-Studium, Bereichsleiterin, Wiedereinstieg in den Beruf als Projektmanagerin im internationalen Umfeld

Schauen Sie sich jeden einzelnen Eintrag in der Krone Ihres Wachstumsbaums an. Überlegen Sie jetzt, welche Potenziale zur Umsetzung der jeweiligen Erfolge, egal ob privat oder beruflich, notwendig waren und notieren Sie diese: Welche Potenziale benötigten Sie ganz genau, um das jeweils Erreichte zu realisieren?

Beispiel

Marathon: Zielstrebigkeit, Durchhaltevermögen, Fitness

Kinder und Karriere: Organisationsfähigkeit, Flexibilität, hohe Belastbarkeit, Durchsetzungsvermögen

Gründung einer Bürgerinitiative: Initiativkraft, Kontaktfähigkeit, Durchsetzungsvermögen, Überzeugungskraft, Organisationsfähigkeit

Berufsbegleitendes Studium: Fleiß, Zielstrebigkeit, Belastbarkeit, Durchhaltevermögen, Organisationsfähigkeit

In diesem Beispiel sind nur einige der Talente und Fähigkeiten angeführt, die typischerweise für das genannte Ziel benötigt werden.

Wenn Sie auf Entdeckungstour gehen, werden Sie feststellen, dass viele der bereits erkannten und notierten Potenziale immer wieder auftauchen. Das deutet darauf hin, dass diese bei Ihnen stark ausgeprägt sind. Sie können solche wichtigen Potenziale in Ihrer Visualisierung besonders hervorheben, indem Sie sie z. B. unterstreichen oder farbig markieren.

Schritt für Schritt zum „Wachstumsbaum" – Teil 3
4. Tragen Sie alle Erfolge, die Sie beruflich und privat für sich verbuchen konnten und die für Sie wichtig waren, in die Krone des Baumes ein.
5. Versetzen Sie sich in die Situation zurück, in der Sie an der Umsetzung des jetzt Erreichten arbeiteten: Welche Talente und Fähigkeiten haben Sie dafür benötigt?
6. Welche zusätzlichen Kenntnisse und Fähigkeiten haben Sie sich in dem Zusammenhang angeeignet?
7. Alles, was Sie hier herausfinden, gehört als Ergänzung in den Wurzelbereich. Sie können diese Einträge mit einer anderen Farbe vornehmen, damit Sie später erkennen, wie viele Potenziale Sie hier ergänzt haben.

Bei der Arbeit am Wachstumsbaum werden Sie sich vielleicht fragen, ob das, was Sie da jeweils für sich als Potenzial identifiziert haben, nicht einfach normal und selbstverständlich ist. Überlegen Sie dann genau, ob alle Ihre Freunde, Bekannten und Kollegen auch über dieses Potenzial verfügen. Die Antwort darauf wird Sie in der Regel dazu veranlassen, dieses Potenzial dann doch mit einer gewissen Freude in den Wurzelbereich Ihres Baumes zu schreiben.

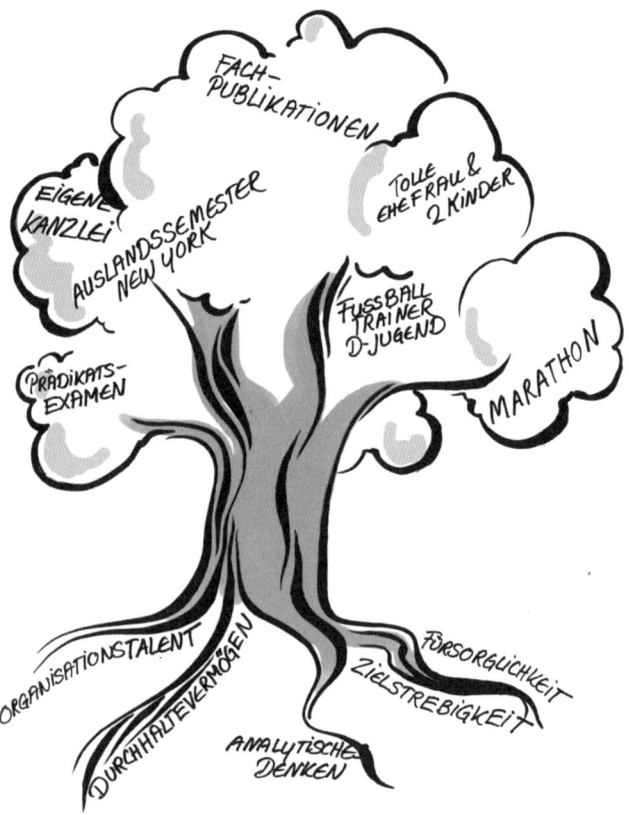

Ein Wachstumsbaum

Schauen Sie sich die Krone Ihres Baumes an: Das alles haben Sie in Ihrem Leben schon erreicht! Schauen Sie sich die Wurzeln Ihres Baumes an: Das sind Ihre Potenziale. Diese haben alles, was Sie bisher erreicht haben, ermöglicht. Werden Sie sich all dessen bewusst und lassen Sie erste Ideen zu, was zukünftig möglich sein könnte!

Die Schatzkiste der Erinnerungen öffnen

Bisher ging es um bewusste und unbewusste Potenziale. In diesem Abschnitt liegt der Fokus auf Eigenschaften, Fähigkeiten etc., die Sie früher genutzt haben, die jetzt aber fast vergessen in Ihnen schlummern. Vielleicht fragen Sie sich, warum Sie etwas, was Sie früher sehr gerne getan haben, irgendwann aufgegeben und eventuell sogar regelrecht vergessen haben. Hierfür gibt es einfache und durchaus nachvollziehbare Gründe: Menschen neigen dazu, sich im Laufe des Lebens an diverse Umstände anzupassen, wie z.B. an elterliche Erwartungen, an das persönliche Umfeld, bequeme Gegebenheiten, gesellschaftliche Vorstellungen.

Beispiel

Anpassung an elterliche Erwartungen: „Ach Kind, als Musiker kannst du doch kein Geld verdienen. Mach uns doch keinen Kummer und lern` einen anständigen Beruf!".

Anpassung an Freunde/persönliches Umfeld: „Die ganze Clique studiert nach dem Abitur, willst du wirklich hier im Ort bleiben und Handwerker werden? Ist doch total langweilig!"

Anpassung an bequeme Gegebenheiten: „Ich hätte ja lieber etwas im Bereich Marketing gemacht, aber da waren im Unternehmen am Ort keine Stellen frei. In der IT wurde jemand gesucht, und ich habe während der Ausbildung ja immer schon dort ausgeholfen. Da weiß ich, was ich habe."

> **Anpassung an gesellschaftliche Erwartungen:** „Du kannst doch nicht ernsthaft deinen gut bezahlten Job in einer Bank aufgeben, eine Ausbildung zum Gärtner machen und dann bei deinen jetzigen Kunden Unkraut jäten! Was sollen denn die Leute denken?"

Bei der Anpassung kann es passieren, dass Sie all das aus den Augen verlieren, was Sie auszeichnet, was Sie können, wovon Sie mehr haben möchten, womit Sie Erfolg haben und was Ihnen Spaß macht: Ihre individuellen Talente und deren Nutzung.

Übung: Zurück zu vergessenen Potenzialen

Was haben Sie früher sehr gerne getan,

- als Sie noch zur Schule gingen?
- als Sie mit der Ausbildung/dem Praktikum/dem Studium begonnen haben?
- bevor Sie ... kennengelernt haben?
- bevor Sie nach ... gezogen sind?
- bevor Sie sich für eine Karriere als ... entschieden haben?
- ...?

Versetzen Sie sich gedanklich in diese Zeit zurück:

- Was haben Sie damals empfunden?
- Welche Potenziale haben Sie damals genutzt?
- Sind diese von Ihnen bereits im Wachstumsbaum erfasst worden?

Gehen Sie hier nach demselben Muster vor, wie bei Ihren Erfolgen: Schreiben Sie die Dinge, die Sie gerne getan haben, in die Krone und die Potenziale, die Sie jeweils genutzt haben, in den Wurzelbereich des Baumes.

Schritt für Schritt zum „Wachstumsbaum" – Teil 4

 8. Ergänzen Sie Ihre Erfahrungen und Erfolge in der Krone um alles das, was Sie früher gerne getan haben.

9. Ergänzen Sie den Wurzelbereich um die Potenziale, die Sie damals benötigt haben, um all die Dinge tun zu können, die Sie so gerne getan haben.

Selbstbewusstsein: Was macht mich einzigartig?

Sie haben bereits sehr viel über sich herausgefunden:

- Im ersten Kapitel haben Sie Ihre Ist-Situation analysiert und herausgearbeitet, wo in Ihrem Leben ein Veränderungsbedarf besteht.

- Sie sind Ihrer eigenen Motivation auf die Spur gekommen.

- Sie haben Ihre individuellen Potenziale erkannt und visualisiert.

Nun ist es an der Zeit, dass Sie sich Ihre Einzigartigkeit bewusst machen. Der Begriff „Selbstbewusstsein" bedeutet schließlich nichts anderes, als sich seiner selbst bewusst zu sein. Schauen Sie sich Ihren Wachstumsbaum an und führen

Sie sich noch einmal Ihre Persönlichkeit, Ihre Talente, Kenntnisse und Fähigkeiten, Ihre Kompetenzen und Ihre Lebenserfahrung vor Augen. Diese Kombination ist einzig und allein die Ihre.

Mithilfe der folgenden Überlegungen können Sie diejenigen Potenziale identifizieren, die bei Ihnen sehr ausgeprägt sind und die – wenn Sie sie ausleben –, zu Ihrer persönlichen Zufriedenheit und Ihrem Erfolg beitragen.

Die ausgeprägtesten Potenziale

- Fragen Sie sich: Was habe ich immer schon am liebsten getan (egal ob beruflich oder privat)? Welche Potenziale habe ich dafür benötigt?

- Bei welcher Tätigkeit fühle ich mich ganz und gar lebendig? Welche Potenziale benötige ich für diese Tätigkeit? Wie genau bringe ich sie ein?

Sehr wahrscheinlich kristallisieren sich bei der Beantwortung der Fragen wieder die von Ihnen bereits schon mehrfach genannten, im Wachstumsbaum markierten Potenziale heraus. Das sind die, die bei Ihnen am stärksten ausgeprägt sind und deren aktive Nutzung für Sie am wichtigsten ist.

Worin sind Sie einzigartig und unschlagbar?

Beschreiben Sie in eigenen Worten, was an Ihnen so besonders und einzigartig ist. Am besten nehmen Sie dazu Ihren Wachstumsbaum zur Hand und machen sich noch einmal bewusst, was Sie da alles über sich zusammengetragen haben. Konzentrieren Sie sich auf das, was Ihnen am wichtigsten ist, so z. B.

- auf die Talente, die Sie immer wieder für Ihre Erfolge eingesetzt haben,
- auf Ihre im Laufe des Lebens erworbenen Kenntnisse und Fähigkeiten, die Ihren Talenten und Persönlichkeitsmerkmalen eine noch größere Wirkung verschaffen,
- auf Ihre Erfahrungen und
- Ihre Erfolge.

Im Gegensatz zu dem in klassischen Bewerbungsunterlagen gewünschten, tabellarischen Lebenslauf kreieren Sie so Ihre ganz persönliche Erfolgsgeschichte. Dieses Zusammenspiel von Persönlichkeitsstruktur, Talenten, Kenntnissen, Fähigkeiten und Kompetenzen mit Ihren Erfahrungen ist einzigartig und nicht kopierbar.

Insbesondere für diejenigen, die bei der Analyse ihrer Ist-Situation festgestellt haben, dass sie im beruflichen Umfeld unzufrieden sind, steckt hier die Chance, neue Ansatzpunkte für eine Wende zu Erfolg und Zufriedenheit zu erkennen. Reflektieren Sie, über welche Persönlichkeitsstruktur, welche Talente, Kenntnisse, Fähigkeiten, Kompetenzen und Erfahrungen Sie verfügen und überlegen Sie völlig frei von Ihnen bekannten Berufsbezeichnungen, Stellenangeboten etc., womit Sie am liebsten Geld verdienen würden. An diesem Punkt dürfen Ideen, Visionen, Träume entstehen, ganz unabhängig davon, ob es möglich ist, diese zu realisieren.

Ihre wahre Berufung erkennen Sie daran, dass sie Ihre größte Leidenschaft ist.

Selbstbewusstsein zeigen

Es ist eine persönliche Bereicherung, wenn Sie sich jetzt Ihrer Potenziale bewusst geworden sind und erkannt haben, dass Sie eine Persönlichkeit sind, die sehr viel zu bieten hat. Aber wie erkennen andere Menschen das? Behandeln Sie sich selbst auch so, als wären Sie etwas ganz Einzigartiges und Wertvolles – und treten Sie dementsprechend nach außen hin auf? Oder neigen Sie dazu, sich eher klein zu machen, sich selbst und Ihre Bedürfnisse zurückzustellen?

Wenn Sie eher starke Ausprägungen in den Persönlichkeitsdimensionen „Extraversion" und „Gewissenhaftigkeit" haben, (siehe hierzu das Kapitel „Erkennen: meine Lebenssituation"), dann haben Sie dieses Problem wahrscheinlich nicht. Menschen, deren Persönlichkeitsdimension „Verträglichkeit" sehr gut ausgeprägt ist, werden jedoch Situationen kennen, in denen sie das Gefühl haben, als Person oder mit ihren Bedürfnissen nicht so wahrgenommen zu werden, wie sie es gern hätten. Diese Menschen fühlen sich oft fremdgesteuert. Sie haben keine Zeit für die eigenen Anliegen, da sie stattdessen Dinge für Freunde, Verwandte, Kollegen etc. erledigen.

Wie wirken Sie auf andere?

Hand aufs Herz: Wie haben Sie sich bisher immer nach außen dargestellt?

In den Momenten, in denen Sie den Interessen und Plänen anderer Menschen einen höheren Stellenwert einräumen als Ihren eigenen, signalisieren Sie, dass Sie sich und Ihre Ziele und Pläne nicht wichtig nehmen. Aus Ihrer Sicht mögen dabei folgende Gründe eine Rolle spielen:

- Sie halten die anderen Menschen für wichtiger als sich selbst: Sie sind sich Ihres Wertes nicht bewusst, d.h., Ihr Selbstbewusstsein ist auf einem extrem niedrigen Level. Sie signalisieren Ihrem Umfeld, dass Sie sich für unwichtig halten, und werden auch von anderen Menschen so behandelt.

- Sie halten die anderen Menschen nicht für wichtiger als sich selbst. Sie glauben aber, indem Sie andere unterstützen, selbst die Anerkennung zu erfahren, die Sie sonst nicht bekommen würden: In diesem Fall möchten Sie sehr gerne als wertvoll wahrgenommen werden, suchen aber die Bestätigung Ihres Wertes durch andere zu erlangen. Begriffe wie „Fleißiges Lieschen", „Everybody's Darling" bezeichnen Menschen, die dieses Verhalten zeigen. Entscheiden Sie selbst, was diese Begriffe über den Selbstwert und damit auch über das Selbstbewusstsein eines Menschen aussagen.

Die Anerkennung, die Sie verdienen, bekommen Sie nicht durch diese Verhaltensweisen, sondern nur, indem Sie der Welt durch Ihr Verhalten (insbesondere gegenüber sich selbst) und Ihr Auftreten Ihren Wert signalisieren. Hören Sie also ab sofort auf, sich klein zu machen. Sie haben der Welt den gesamten Schatz Ihrer Potenziale zu bieten – niemand sonst hat diese einzigartige Kombination an Talenten, Fähigkeiten und bereits gemachten Erfahrungen.

Das, was jemand von sich selbst denkt, bestimmt sein Schicksal, stellte schon Mark Twain fest. Sehen Sie sich selbst als einen einzigartigen Schatz an! Da das nicht ganz einfach ist, können Ihnen dabei vielleicht die folgenden Überlegungen helfen.

Halten Sie sich für wertvoll?

Wenn Sie merken, dass Sie in das Verhaltensmuster des Kleinmachens fallen, stellen Sie sich ganz bewusst folgende Fragen:

- Wie behandeln Sie einen Menschen, den Sie sehr wertschätzen? Wie treten Sie ihm gegenüber, wie verhalten Sie sich, wenn Sie ihm einen Gefallen tun sollen? Zollen Sie ihm Achtung und Respekt? Oder verlangen Sie von ihm, Ihnen zuliebe seine eigenen Pläne zu ändern?

- Behandeln Sie sich selbst so, wie Sie erwarten, dass ein sehr wertvoller und einzigartiger Mensch behandelt werden sollte? Wenn nicht, ist es an der Zeit Ihr Verhalten sich selbst gegenüber entsprechend zu ändern. Gönnen Sie sich all das, was Sie in Beantwortung der ersten Frage einem Menschen zugestehen, den Sie sehr wertschätzen.

- Finden Sie, dass Sie anderen Menschen den Eindruck vermitteln, dass Sie ein wertvoller und einzigartiger Mensch sind?

Solange Sie sich nicht selber wertschätzen und sich und Ihre Leistungen achten, wird das auch niemand sonst tun. Betrachten und behandeln Sie sich als wertvollen und einzigartigen Menschen, werden auch andere Sie entsprechend respektieren.

Wertschätzung erfahren

Das Vertrauen in die eigene Fähigkeit zu denken und mit den grundlegenden Problemen des Lebens fertig zu werden, bestimmte Aufgaben zu erfüllen und etwas zu erlernen, wird als Selbstwirksamkeit bezeichnet. Sie wird maßgeblich durch die eigenen Erfahrungen ausgebildet. Das heißt, mit jedem durch eigene Anstrengung erreichten Ziel wächst das Vertrauen, auch für die nächste Herausforderung eine geeignete Lösungsstrategie entwickeln zu können. Diese Selbstwirksamkeit ist individuell unterschiedlich ausgeprägt. Sie beeinflusst die Selbstachtung, also die Beurteilung des Selbstwertes. Von diesem wiederum hängt es ab, inwieweit Sie sich selbst schätzen und achten und ob Sie es sich zugestehen, dass Sie einen Anspruch darauf haben, Ihre Wünsche und Bedürfnisse geltend zu machen und die Erfolge zu verdienen.

> Wenn Sie nicht selbst dafür sorgen, dass es Ihnen gut geht und Sie die verdiente Wertschätzung erfahren – wer sollte es dann tun? Nur wer sich selbst achtet, erfährt auch Wertschätzung von anderen.

Die folgenden Verhaltensweisen helfen dabei, die eigene Selbstwirksamkeit zu stützen und gleichzeitig die Wertschätzung anderer zu erhöhen.

Reden Sie gut über sich

Erzählen Sie nicht von Dingen, die Sie nicht können oder schlecht gelöst haben. Andere Menschen nehmen Sie sonst als Versager wahr. Fokussieren Sie sich dagegen auf Erfolgsgeschichten und stellen Sie sich ehrlich und nicht übertrieben positiv dar. Sie werden merken, dass Ihnen das nicht nur Anerkennung und Respekt anderer einbringt, sondern auch Ihrer Stimmung gut tut. Wenn Sie sich in Gesprächen auf Negatives konzentrieren, ziehen Sie damit automatisch Ihre Stimmung herunter. Das zeigt sich in Körperhaltung, Stimmlage usw.

> Die meisten umgeben sich lieber mit Menschen, die Erfolgsgeschichten erzählen, optimistisch sind und Mut machen, als mit denen, von denen sie immer wieder nur Negatives hören.

Grenzen setzen und Mut zum Nein-Sagen

Trauen Sie sich, nicht zu jedem Gefallen, um den Sie gebeten werden, „Ja" zu sagen. Sie haben eigentlich andere Pläne oder zu dem besagten Zeitpunkt etwas anderes vor? Dann stehen Sie dazu und sagen Sie ganz klar „Nein"!

Sicherlich wird der eine oder andere, der von Ihnen in einer solchen Situation bisher nur Zustimmung gewohnt war, überrascht, vielleicht auch enttäuscht oder verärgert sein. Das zu ertragen ist am Anfang schwer. Denken Sie hier an das Positive daran: Sie haben in dem Moment klar gemacht, dass Sie sich und Ihre eigenen Pläne wichtig nehmen. Häufig wird Ihnen das nach der ersten Überraschung Respekt einbringen. Das Verhältnis wird sich nach und nach zu einem auf echter

Augenhöhe hin verändern. In anderen Fällen ist das gar nicht gewünscht, da derjenige eigentlich nur jemanden sucht, der die eigenen Pläne willig unterstützt. Brauchen Sie so jemanden in Ihrem Umfeld? Oder tut es Ihnen nicht sogar gut, wenn sich dann ein solcher Mensch von Ihnen abwendet?

Sprechen Sie positiv über Ihre Mitmenschen

Sie haben es nicht nötig, sich selbst zu erhöhen, indem Sie schlecht über andere Menschen reden bzw. deren negative Eigenschaften herausstellen. Zeigen Sie Ihre Größe, indem Sie auch anderen Größe zugestehen und über deren positive Eigenschaften, gelungene Projekte, Erfolge usw. sprechen. Sparen Sie dabei nicht mit Lob, wenn es verdient ist.

Genießen Sie Ihre Erfolge

Gönnen Sie sich nach getaner Arbeit etwas, was Ihnen Freude bereitet. Lassen Sie Ihr Umfeld teilhaben: Laden Sie nach einem guten Vertragsabschluss Freunde und/oder Unterstützer zu einem netten Abend ein.

Gepflegtes Aussehen

Mit einem gepflegten Erscheinungsbild signalisieren Sie, dass Sie sich Zeit für sich nehmen und Sie sich wichtig sind.

Auf einen Blick: Meine Potenziale entdecken

- Zu wissen, was andere Menschen an einem selbst schätzen, heißt Potenziale an sich entdecken, die einem bisher nicht bewusst waren.

- Die eigenen Erfolge im Leben geben Aufschluss über bisher verborgene bzw. als normal und selbstverständlich wahrgenommene Potenziale.

- Oft werden Potenziale, die wir früher genutzt haben, in der aktuellen Lebenssituation nicht mehr benötigt und sind so in Vergessenheit geraten. Ein Blick in die eigene Vergangenheit fördert sie zutage.

- Jeder Mensch verfügt über eine einzigartige Kombination aus Persönlichkeitsstruktur, Talenten, Fähigkeiten, Kenntnissen und Erfahrungen. Wer sich seine Einzigartigkeit immer wieder bewusst macht, stärkt sein Selbstbewusstsein und sein Selbstwertgefühl.

Planen: meine selbstbestimmte Zukunft

Was will ich mit meinen Potenzialen erreichen? Gehe ich meinen bisherigen Weg weiter oder orientiere ich mich neu? Diese Fragen sind für viele nur sehr schwer zu beantworten.

In diesem Kapitel erfahren Sie,

- wie Sie Klarheit über die eigene Zielsetzung erlangen,
- welche Potenziale Sie bei der Erreichung Ihres Ziels unterstützen,
- wie Sie damit umgehen, wenn Ihnen Kompetenzen zur Erreichung Ihres Ziels fehlen,
- wie Sie überprüfen, ob Sie auf dem richtigen Weg sind.

Was möchte ich erreichen?

Bisher haben Sie sich mit der Ist-Situation Ihres Lebens, Ihren Potenzialen, Ihrer Motivation und Ihrer Einzigartigkeit beschäftigt. Dabei waren Sie gedanklich fast immer in der Gegenwart oder der Vergangenheit. Jetzt ist es an der Zeit, sich mit dem, was kommt, zu beschäftigen: Fangen Sie an, mit den gewonnenen Erkenntnissen Ihre Zukunft selbst aktiv zu gestalten.

Sie haben herausgefunden, in welchem Lebensbereich Sie Veränderungen anstreben möchten. Jetzt müssen Sie sich klar darüber werden, was genau eine Veränderung bewirken soll. Sicherlich, Sie möchten zufriedener und erfolgreicher werden und zukünftig Ihre Potenziale aktiv nutzen. Aber was ist Ihr persönliches Ziel? Die genaue Definition Ihres Ziels ist die Grundlage dafür, Veränderungen angehen zu können.

Beispiel

 Herr Schröder arbeitet in der Buchhaltung. In seiner Freizeit unterstützt er seit längerem ein soziales Projekt: Er wirbt dafür in der Region um Sponsoren, organisiert Veranstaltungen, deren Erlöse dem Projekt zu Gute kommen, und hält den Kontakt zur Presse. Im Laufe der Jahre stellte er fest, dass ihm sein eigentlicher Job immer weniger Freude bereitete, während er mehr und mehr Zeit in seine karitative Tätigkeit investierte. Eine intensive Auseinandersetzung mit seiner Persönlichkeitsstruktur und seinen Potenzialen zeigte, dass er starke Ausprägungen in den Persönlichkeitsmerkmalen Kontaktfähigkeit, Initiativkraft, Organisationsfähigkeit, Zuverlässigkeit, Sorgfalt/Gründlichkeit hat, belastbar und stressresistent ist. Er hat viel Erfahrung gesammelt in den Bereichen Veranstaltungsorganisation, Sponsoring und PR und kennt sich wegen seiner beruflichen Tätigkeit sehr gut mit

Finanzen aus. Er beschließt, an seinem Leben etwas zu verändern, um zukünftig nicht nur in der Freizeit, sondern auch im Job seine Potenziale mehr einbringen zu können. Seine Aufgabe ist es jetzt, genau zu definieren, mit welchen Tätigkeiten und Verantwortungen er zukünftig sein Geld verdienen will und zum anderen, darauf aufbauend, dieses gesetzte Ziel zu erreichen.

Sie kennen das aus anderen Bereichen: Bevor Sie z.B. eine Wanderung oder einen Segeltörn starten, legen Sie das genaue Ziel fest. Tun Sie das nicht, laufen Sie Gefahr, sich zu verirren und dort zu landen, wo Sie wahrscheinlich gar nicht hin wollten.

> Manch einer erreicht nichts im Leben. Andere erreichen etwas, von dem sie nicht wissen, ob es wirklich das ist, was sie eigentlich wollten.
>
> Wenn Sie nicht wissen, was Sie vom Leben wollen, was werden Sie dann wohl bekommen?

Sie haben einen Wunsch frei

Beispiel

Frau Krause lebte ein geruhsames Leben ohne besondere Höhen und Tiefen. Irgendwann stellte sie fest, dass Freunde und Bekannte Karriere machten, wegzogen und an interessanten Orten lebten, neue Interessen und Freunde hatten. Plötzlich hatte sie das unangenehme Gefühl nur einen durchschnittlichen Job zu haben und ein durchschnittliches Leben zu führen. Sie fragte sich: Soll das alles gewesen sein? Sie musste sich selbst eingestehen, unzufrieden mit ihrer beruflichen Entwicklung und ihrem Anspruch an sich selbst zu sein. Gleichzeitig musste sie erkennen, dass eine Veränderung ihrer Situation das Verlassen ihrer Komfortzone bedingen würde, z.B. durch einen Arbeitsplatzwechsel, eine Weiterbildung, einen anderen Tagesablauf, die Teilnahme an kulturellen Veranstaltungen statt gemütlichen Abenden auf der Couch.

Ein neues Ziel bedeutet Veränderung. Veränderungen jedoch machen den meisten Menschen Angst. Versuchen Sie, bei der ersten spontanen Zielformulierung Ihre Ängste und Sorgen außen vor zu lassen. Gehen Sie an die Beantwortung der nun folgenden Fragen ganz unbefangen heran: Stellen Sie sich vor, es ist Weihnachten und Sie dürfen einen Wunschzettel schreiben, ohne darüber nachzudenken, ob die Wünsche realistisch sind oder nicht. Lassen Sie alles das, was Sie hier notieren, einfach stehen und korrigieren Sie nichts.

Übung: Wunschzettel für die Zukunft

- Was würden Sie anstreben, wenn Sie nicht fürchten müssten, daran zu scheitern?

- Welches Leben würden Sie führen, wenn Sie Ihre Ängste völlig ausblenden könnten?

- Wie würden sich dann andere Menschen Ihnen gegenüber verhalten?

> Die Menschen werden nicht durch die Dinge, die passieren, beunruhigt, sondern durch die Gedanken darüber. (Epiktet, griechischer Philosoph)

Kreativ zur Zieldefinition

Es gibt Menschen, denen es schwer fällt, Ziele zu formulieren. Helfen können ihnen dabei Kreativitätstechniken. Sie können im Verstand festgefahrene Gedanken lösen und schaffen die Basis dafür, die jeweilige Herausforderung offen und kreativ anzugehen. Eine der bekanntesten Kreativitätstechniken ist das Brainstorming, bei dem alle anwesenden Personen zu einem bestimmten Thema alle ihnen in den Kopf kommenden Gedanken sagen bzw. aufschreiben, ohne im ersten Schritt zu hinterfragen, ob diese sinnvoll sind oder nicht. Erst wenn alle Ideen notiert wurden, wird überlegt, was umsetzbar sein könnte und was nicht. Diese Methode kann zwar auch alleine angewendet werden, ist aber bei Beteiligung mehrerer Personen deutlich effektiver. Es gibt jedoch Techniken, die man wunderbar auch ganz alleine anwenden kann.

Die Walt-Disney-Strategie

Eine solche Technik ist z.B. die Walt-Disney-Strategie. Sie geht zurück auf den gleichnamigen amerikanischen Unternehmer, der nach diesem Verfahren arbeitete. Begeben Sie sich nacheinander in die Position des Träumers, des Kritikers und des Realisten. Betrachten Sie Ihr Ziel aus diesen unterschiedlichen Perspektiven:

- Der Träumer hat Idealvorstellungen und Wunschträume.
- Der Kritiker entdeckt alle vorhandenen Schwachstellen und hinterfragt alles.
- Der Realist wägt Fakten gegeneinander ab.

Im Idealfall nutzen Sie dafür unterschiedliche und passend hergerichtete Räume. Dort lassen Sie sich jeweils intensiv ein auf das „typische" Erleben in der jeweiligen Position. Gleich anschließend notieren Sie Ihre Ideen und Gedanken auf einem markierten Bogen, den Sie an diesem Platz lassen. Nachdem Sie alle drei Positionen in der oben genannten Reihenfolge durchlaufen haben, nehmen Sie Ihre Notizen an sich und verwerten Sie diese für Ihre Entscheidungsfindung.

Die Walt-Disney-Strategie

Beispiel

Herr Schröder hat sich überlegt, dass er mit seinen Potenzialen eigentlich hervorragende Dienste für soziale Vereinigungen leisten könnte. In der Position des **Träumers** erlebt er sich als wertvoller Berater für unterschiedliche Organisationen, als der Experte, der sinnvollen Projekten mit seiner Kompetenz Sponsoren beschafft, als Gründer einer neuen Organisation. In der Position des **Kritikers** erlebt er eine unsichere Einkommenssituation, da er keine feste Anstellung mehr hat. Er muss mit immer wieder anderen Tagesabläufen zu recht kommen, sich in unterschiedliche Organisationen, deren Strukturen, Ziele und Kultur einarbeiten und wird mit Planungsunsicherheit konfrontiert. In der Position des **Realisten** überlegt er, ob es Modelle gibt, die ihm hinsichtlich des Einkommens mehr Sicherheit geben können, wie z. B. längerfristige Beraterverträge oder ein Angestelltenverhältnis bei einer größeren Organisation. Er wägt die Vorteile des aktuellen starren Tagesablaufs gegenüber einem sehr flexiblen ab, überlegt, ob wechselnde Organisationen, Ansprechpartner und dergleichen auf ihn eher abschreckend oder vielleicht sogar reizvoll herausfordernd wirken. Anschließend nimmt er seine Notizen zur Hand und wertet aus, welche Idee Chancen auf eine Realisierung haben kann, oder ob vielleicht eine Kombination aus mehreren Ideen die Lösung ist.

Die Walt-Disney-Strategie im Überblick

Position	... ist zuständig für:
Träumer	■ Wunschträume
	■ Visionen
	■ Querdenken, verrückte Ideen
Kritiker	■ Bedenken
	■ Probleme
	■ Einschränkungen
Realist	■ Lösungen
	■ Auswege
	■ Neuerungen

Mindmapping

Für die Technik des Mindmapping benötigen Sie eigentlich nur eine möglichst große Schreibfläche und Stifte. Notieren Sie den Gedanken, über den Sie sich klarer werden möchten, in der Mitte des Papiers und schreiben sämtliche Assoziationen, die Ihnen dazu einfallen, auf. Verbinden Sie diese sinnvoll untereinander. Sie erkennen so zusammenhängende Ideen und Assoziationen, können zu diesen jeweils wieder verfeinerte Untergruppen bilden usw.

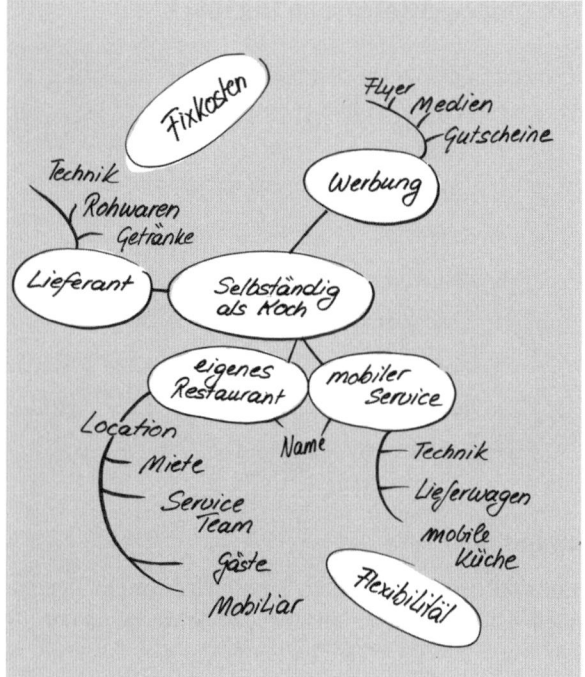

Mindmapping

Was ist zukünftig wichtig für Sie?

Sie haben entweder spontan oder mit Hilfe einer Kreativitäts-
technik Ihr Wunschziel, Ihren Traum oder Ihre Vision notiert.
Jetzt sollten Sie Schritt für Schritt prüfen, inwieweit eine
Realisierung möglich ist. Auch wenn es zu diesem Zeitpunkt
schwerfällt, richten Sie Ihre Gedanken jetzt wieder auf sich
und Ihre Potenziale. Vorhin war Wunschdenken angesagt,

jetzt geht es darum, welche der real vorhandenen Potenziale Sie unbedingt zukünftig aktiv nutzen möchten und welche Rahmenbedingen Sie haben möchten.

Schritt für Schritt zur Zieldefinition

 1. Notieren Sie, welche Ihrer Potenziale Sie unbedingt zukünftig aktiv nutzen möchten. Schreiben Sie spontan auf, welche davon Ihnen ganz wichtig sind.

 2. Vergleichen Sie diese dann mit der Visualisierung in Ihrem Wachstumsbaum: Haben Sie die Potenziale genannt, die bei Ihnen wahrscheinlich am stärksten ausgeprägt sind? Falls nicht, sollten Sie überlegen, warum Sie ausgerechnet Ihre ausgeprägtesten Stärken nicht aktiv nutzen wollen. Sie bergen Ihr größtes Zufriedenheits- und Erfolgspotenzial.

 3. Welche privaten Rahmenbedingungen möchten Sie zukünftig haben? Beispielfragen:

- Wo und wie möchten Sie leben?

- Wie soll Ihr Lebensgefährte/in sein? Was soll diesen Menschen ausmachen?

- Wie soll die künftige Freizeitgestaltung aussehen?

- Wie soll der zukünftige Freundeskreis aussehen?

- Was zeichnet Menschen aus diesem Freundeskreis aus?

4. Welche beruflichen Rahmenbedingungen möchten Sie zukünftig haben? Beispielfragen:

- Möchten Sie angestellt oder selbstständig sein?
- In welchem Bereich wollen Sie tätig sein?
- Von welchen Menschen möchten Sie umgeben sein (Kreative, Bürokraten, ruhige oder aktive, gesellige Menschen oder Eigenbrötler)?
- Wie soll das Unternehmen strukturiert sein?
- In welcher Unternehmenskultur möchten Sie arbeiten?

Wichtig ist, dass Sie die Antworten auf die Fragen, die ja jeweils Teilaspekte Ihres Ziels betreffen, so genau und detailliert wie möglich formulieren. Manchmal bietet es sich auch an zu zeichnen.

Beispiel

Sie haben festgestellt, dass Sie, wenn Sie zukünftig Ihrer Kreativität mehr Raum geben wollen, Bilder malen und nach und nach mit diesen auch Geld verdienen möchten, vor allem Ihre hippe, aber dunkle und für Ihre aktuellen Bedürfnisse schlecht geschnittene Wohnung im Szene-Viertel gegen eine eintauschen müssen, in der Sie optimale Bedingungen für Ihr künstlerisches Schaffen haben:

Diese müssen Sie für sich genau definieren, bevor Sie sie finden können. Schreiben Sie dafür auf, was diese Wohnung ausmacht (alles, was Ihnen wichtig ist, wie z. B. viel Licht, ruhig gelegen, in einem Mehr-Parteien-Haus, großes Bad mit Fenster usw.), wo diese liegt, wie Ihre Nachbarn sein sollen. Zeichnen Sie den Grundriss Ihrer zukünftigen Wohnung und beschreiben Sie ganz genau, was Sie sehen, wenn Sie in die einzelnen Räume gehen und was Sie aus den einzelnen Fenstern sehen.

Schauen Sie sich jetzt an, was Sie ursprünglich spontan auf Ihren Wunschzettel geschrieben haben. Überprüfen Sie Ihr Wunschziel darauf, ob es mit den Punkten, die Sie in Spontan-Liste erarbeitet haben, übereinstimmt. Wenn es keine Übereinstimmung gibt, überlegen Sie, warum Sie zwei unterschiedliche Ziele vor Augen haben:

- Erscheint Ihnen der erste, aus dem Stegreif genannte Wunsch unrealistisch, zu groß, zu weit entfernt oder mit zu großen Unsicherheiten oder Einbußen verbunden? Wenn das der Fall sein sollte, nehmen Sie es erst einmal so hin. Auf diesen Punkt kommen wir zu einem späteren Zeitpunkt zurück.

- War das spontan genannte Ziel eines, das Sie schon lange als Idee mit sich herumgetragen haben, weil es Ihnen aus irgendeinem Grund erstrebenswert erschien? Manchmal hat man sich an Vorbildern orientiert, eine inspirierende Geschichte im Kopf, die man selbst gerne erleben möchte usw. Vielleicht haben Sie jetzt festgestellt, dass diese Idee nicht Ihren Potenzialen entspricht und die Umsetzung Ihnen nicht die erhoffte Zufriedenheit und den ersehnten Erfolg geben würde. Vielleicht stimmte sie auch nicht mit Ihren Wertvorstellungen (siehe dazu den nächsten Abschnitt) überein und Ihnen ist klar geworden, dass Sie diese Idee nur dann verwirklichen können, wenn Sie gegen Ihre Wertvorstellungen verstoßen würden.

Werte als Antreiber oder Verhinderer

Ziele werden sehr stark geprägt von den individuellen Wertvorstellungen, die jeder hat. Unsere Werte werden unter anderem von der jeweiligen Kultur (Religion, Moralvorstellungen usw.), der Gesellschaft, dem sozialen Umfeld und dem familiären Umfeld (Erziehung) geprägt. Die individuellen Wertvorstellungen sind praktisch die persönlichen Einstellungen, moralischen Richtwerte und Qualitätskriterien nach denen man strebt, aber auch urteilt.

Beispiel

Während der eine nach Reichtum strebt, sucht der andere sein Glück in Positionen, in denen er Macht ausüben kann. Wieder ein anderer ist vom Forschergeist beseelt und sucht Anerkennung für seine Leistung auf einem bestimmten Fachgebiet. Andere sehen ihre Lebensaufgabe im sozialen Umfeld.

Übung: Welche Werte sind für Sie wichtig?

Welche Werte treiben Sie an? Bringen Sie die aufgeführten Werte mithilfe von Ziffern in eine für Sie passende Rangfolge. Die 1 steht für den wichtigsten Wert, die 17 für den unwichtigsten.

Rang	Wert	Rang	Wert
	Anerkennung		Macht
	Ehrlichkeit		Nachhaltigkeit
	Erfolg		Reichtum
	Familie		Selbstverwirklichung
	Frieden		Sicherheit
	Gerechtigkeit		Status
	Gesundheit		Unabhängigkeit
	Liebe		Vergnügen
			Zuneigung

Hierbei gibt es kein Richtig oder Falsch. Jeder Mensch hat seine eigenen Wertvorstellungen. Wichtig ist nur, dass Sie sich darüber klar werden, welche Werte für Sie Priorität haben. Wenn Sie jetzt die von Ihnen priorisierten Werte betrachten, prüfen Sie doch einmal kritisch, ob diese sich in der Praxis alle zusammen „leben" lassen oder ob es Widersprüche zwischen ihnen, also Wertekonflikte, gibt.

Beispiel

 Frau Schmidt hat die Werte „Selbstverwirklichung" und „Sicherheit" als praktisch gleichwertig auf ihrer persönlichen Werteskala eingestuft. Während allerdings die Selbstverwirklichung den Schritt aus der persönlichen Komfortzone heraus erfordert – mit sämtlichen damit verbundenen Risiken –, steht der Wert „Sicherheit" für ein Bewahren des Status Quo und für die Vermeidung von Risiken – und damit für ein Verbleiben in der Komfortzone. Solange hier nicht einer der beiden Werte gegenüber dem anderen deutlich priorisiert wird, sind Veränderungen nur sehr schwer

umzusetzen. Frau Schmidt wird sich als „Dienerin zweier Herren"
fühlen und sich in ihrer Handlungs- und Entscheidungsfähigkeit
blockiert sehen.

Was Wertekonflikte bewirken

Ein nicht sauber definiertes und priorisiertes Wertesystem
kann den eigenen Erfolg behindern. Das ist z.B. der Fall,
wenn jemand für unterschiedliche Rollen im Leben verschiedene Wertesysteme hat (z.B. Rolle als Privatperson und als
Unternehmer/Vorgesetzter). Trotz des unterschiedlichen Ver-
haltens in den verschiedenen Rollen (in der Rolle des Ehe-
manns verhält man sich natürlich anders als z.B. ein Vater, als
der Vorgesetzte und als der Vereinsvorstand) sollte das Wertesystem durchgängig dasselbe sein. Falls das nicht der Fall
ist, wird man von anderen als nicht authentisch wahrgenommen und kommt vor allem auch mit sich selbst permanent in
Konflikt.

Bei der Zieldefinition sollten Sie also genau überprüfen,
welche Werte mit Ihrem Ziel kompatibel sind bzw. Sie auf
Ihrem Weg dorthin unterstützen. Die Werte, die mit Ihrem Ziel
nicht oder nur schwer vereinbar sind, sollten Sie noch einmal
überdenken. Sind Ihnen diese Werte sehr wichtig, sollten Sie
Ihr Ziel überprüfen und ggf. neu definieren. Solange zwischen
diesen Polen ein Konflikt besteht, sind Sie sowohl in Ihren
Entscheidungen als auch in Ihren Handlungen blockiert. Müssen Sie – und wenn auch nur teilweise – gegen Ihr Wertesystem verstoßen, dann werden Sie Ihr Ziel nur mit großen
Schwierigkeiten erreichen. Unzufriedenheit und ein bitterer
Beigeschmack sind die Folge.

Nur ein Traum oder realisierbares Ziel?

Damit ein Ziel echte Chancen hat, realisiert werden zu können, sollte es unbedingt einige Kriterien erfüllen, die Sie der
nachfolgenden Tabelle entnehmen können.

Mein Ziel muss ...	Kontrollfragen
... sinnesspezifisch wahrnehmbar sein.	▪ Was genau möchte ich erreichen? Welche Gefühle und Emotionen möchte ich haben? ▪ Woran genau werde ich den Erfolg erkennen? Wie werde ich mich fühlen, wenn ich erste Erfolge feststelle?
... in den Gesamtzusammenhang passen.	In welcher Situation ziehe ich den größten Nutzen aus dem erreichten Ziel?
... präzise und messbar sein.	▪ Was und wieviel möchte ich genau erreichen? ▪ Wann möchte ich ... erreicht haben? ▪ Woran werde ich meinen Erfolg erkennen? ▪ Wie kann ich meinen Erfolg kontrollieren?
... attraktiv sein.	Wie fühle ich mich, wenn ich das Ziel erreicht habe? Freue ich mich und bin ich dann zufrieden?

Mein Ziel muss ...	Kontrollfragen
... von mir selbst erreichbar sein.	▪ Kann ich das aus eigener Kraft schaffen? ▪ Warum glaube ich, dass ich es jetzt wirklich erreichen kann? ▪ Was muss ich jetzt tun, um das Ziel zu erreichen?

Beispiel

Herr Müller hat festgestellt, dass er über die Jahre seine sportlichen Aktivitäten immer weiter zugunsten anderer Aktivitäten zurückgestellt hat und immer unzufriedener mit sich, seinem Aussehen und seiner Leistungsfähigkeit wurde. Sein Ziel ist es, wieder regelmäßig Sport zu treiben.

Er prüft sein Ziel anhand der oben dargestellten Tabelle auf Realisierbarkeit:

Was genau möchte ich erreichen? Regelmäßig Sport treiben und wieder in Form kommen

Woran genau werde ich den Erfolg erkennen? Ich werde wieder in der Lage sein, ohne Anstrengung in den vierten Stock zu gehen, 5 kg Gewicht verlieren und wieder Kleidung in kleineren Größen tragen können.

Wie werde ich mich fühlen, wenn ich erste Erfolge feststelle? Glücklich und erleichtert.

In welcher Situation ziehe ich den größten Nutzen aus dem erreichten Ziel? Wenn ich wieder mit meinen Freunden bei gemeinsamen Unternehmungen mithalten kann. Noch genauer: Ich kann dann nicht nur sportlich mithalten, sondern habe es auch wieder leichter, nette Frauen kennen zu lernen.

Wann möchte ich das erreicht haben? Bis dahin habe ich zwei Monate Zeit.

Wie werde ich meinen Erfolg kontrollieren? Ich werde ab sofort jeden Tag die Treppe ins Büro nutzen, mein Gewicht einmal pro Woche kontrollieren.

Warum glaube ich, dass ich es jetzt wirklich erreichen kann? Mir ist bewusst geworden, dass ich etwas ändern muss, da mich die augenblickliche Situation unzufrieden macht.

Was muss ich jetzt tun, um das Ziel zu erreichen? Die nötige Disziplin aufbringen und Sport in meinen Alltag integrieren.

Definieren Sie Ihr Ziel schriftlich und achten Sie dabei auf die folgenden Regeln.

- Formulieren Sie positiv (keine Verneinung, kein Vergleich).

- Schreiben Sie das Ziel im Präsens auf (nicht: „Ich werde einmal ein Buch über meine Kindheit schreiben.", sondern: „Ich schreibe ein Buch über meine Kindheit.").

- Vermeiden Sie den Konjunktiv (kein „würde, müsste, möchte, könnte").

- Vermeiden Sie Einschränkungen und Bedingungen (kein „eigentlich, etwas, bisschen, mehr als, weniger als").

> Sprache ist ein mächtiges Instrument: Ihre Worte formen Ihre Gedanken. Wenn Sie sich an diese Vorgaben halten, programmieren Sie sich selbst auf Erfolg. Mit Ihrer Formulierung setzen Sie sich Ziele ohne Wenn und Aber. Jeder benutzte Konjunktiv, jede Einschränkung, schafft in Ihren Gedanken Platz für Zweifel.

Welche Auswirkungen hat das Ziel?

Sie haben Ihr Ziel definiert. Nun gilt es zu fragen, welche Folgen dieses Ziel für Ihr Leben haben wird. Überlegen Sie:

Habe ich bedacht, was sich bei Erreichung meines Zieles alles für mich ändert? Wer solche Überlegungen im Vorfeld nicht anstellt, läuft Gefahr, seinen Entschluss später zu bereuen.

Beispiel

Wenn ich an einen anderen Ort ziehen möchte, muss ich überlegen, ob ich auch bereit bin, meinen Freundes- und Bekanntenkreis aufzugeben. Je größer die Entfernung zum ursprünglichen Ort sein wird, je schwieriger wird es, Kontakte in der gewohnten Form zu pflegen. Wenn ich mich für eine Weiterbildung entscheide, um später meinen Wunschberuf ausüben zu können, muss ich überlegen, was der notwendige Zeitaufwand für meinen Tagesablauf, für meine Familie, Freunde und Bekannte und meine Hobbys bedeutet.

Übung: Welche Auswirkungen hat mein Ziel?

Diese Übung verschafft Ihnen Überblick darüber, was passiert, wenn Sie Ihr Ziel erreichen. Schenken Sie hier insbesondere den Aspekten „Verluste durch die Zielerreichung" und „Gewinn" möglichst viel Aufmerksamkeit. Denken Sie dabei unter anderem an Ihr persönliches Umfeld, an Ihre Lebenssituation, Ihren Lebensstandard usw.

Leitfragen: Folgen der Zielerreichung erkennen	
Körperliche und emotionale Zielwahrnehmung	Woran erkenne ich, dass ich mein Ziel erreicht habe? Was sehe ich? Was höre ich? Was spüre ich? Wie fühle ich mich?
Verlust durch die Zielerreichung	Was verliere ich, wenn ich mein Ziel erreicht habe?

Leitfragen: Folgen der Zielerreichung erkennen	
Gewinn durch die Zielerreichung	Was gewinne ich, wenn ich mein Ziel erreicht habe?
Folgen der Zielerreichung	Was ändert sich in meinem Leben, wenn ich mein Ziel erreicht habe?
Folgen, falls Ziel nicht erreicht wird	Was passiert in meinem Leben, wenn ich mein Ziel nicht erreiche?

Beispiel

 Frau Schuster möchte nach der Kinderpause ihre Karriere als Anwältin wieder ankurbeln. Auf der Gewinnseite steht bei ihr: mehr finanzielle Sicherheit, Unabhängigkeit vom Partner. Auf der Verlustseite steht dagegen: weniger Zeit für die Kinder, mehr Stress, bedingt durch viele Aufgaben die unter einen Hut gebracht werden müssen, weniger Flexibilität in den Schulferien.

Welche meiner Potenziale unterstützen das Ziel?

Listen Sie jetzt so detailliert wie möglich auf, welche Potenziale Sie zur Erreichung dieses Ziels benötigen – unabhängig davon, ob Sie diese an sich erkannt haben oder nicht.

- Welche Talente?
- Welche Kenntnisse und Fähigkeiten?
- Welche Kompetenzen?
- Welche Persönlichkeitsmerkmale?

Priorisieren Sie anschließend die Merkmale: Welche sind für die Zielerreichung unverzichtbar; welche sind nur nice to have?

Beispiel

 Das Ziel: vom angestellten Koch in die Selbstständigkeit als Restaurantbesitzer.

Förderliche Talente und Persönlichkeitsmerkmale: Organisations- und Durchsetzungsfähigkeit, Zielstrebigkeit, Zuverlässigkeit, Kreativität

Förderliche Kenntnisse und Fähigkeiten: z. B. exzellente Kochkünste, Kenntnis gesetzlicher Bestimmungen (Lebensmittelverordnung, Bedingungen für den Erhalt einer Konzession, Umweltbestimmungen usw.), BWL-Kenntnisse

Förderliche Kompetenzen: z. B. Mitarbeiterführung (Küchenteam, Serviceteam), Menschenkenntnis (Auswahl der Mitarbeiter), Marktkenntnis (Wettbewerbssituation, eigene Platzierung am Markt, geeignete Lieferanten)

Nehmen Sie jetzt den Wachstumsbaum zur Hand. Prüfen Sie, welche der gerade gesammelten Potenziale auch im Baum aufgelistet sind. Alle übereinstimmenden Potenziale sind Ihre Basis für die Erreichung des Ziels. Widmen Sie diesen Ihre Aufmerksamkeit. Nutzen Sie jede Möglichkeit, die sich Ihnen bietet, sie zu fördern und zu stärken. Je mehr Übereinstimmungen Sie haben, desto leichter und motivierter werden Sie bei der Umsetzung agieren.

Was benötige ich noch?

Finden Sie bei diesem Abgleich auch Potenziale, die nicht in Ihrem Wachstumsbaum vorhanden sind, setzen Sie diese auf eine Fehlliste. Relativ unproblematisch ist es meist, wenn Ihnen noch notwendige Fachkenntnisse zur Zielerreichung fehlen. Auch wenn das im Einzelfall kosten- und zeitintensiv sein kann: In geeigneten Lehr- oder Studiengängen können Sie sich dieses Wissen aneignen. Definieren Sie, was genau Sie an Fachkenntnissen benötigen. Formulieren Sie dafür ein Etappenziel, für das wieder die Kriterien für realisierbare Ziele gelten (siehe das vorherige Kapitel). Denken Sie daran, den zeitlichen Rahmen und den finanziellen Aufwand für die Erreichung dieses Zwischenziels festzulegen.

Beispiel

 Für den Koch, der sich selbstständig machen will, kann beispielsweise ein Kurs im Bereich BWL (Buchhaltung, Geschäftsführung, usw.) sinnvoll sein, wie er von vielen Institutionen angeboten wird.

Schwieriger ist es, wenn Ihnen ein Talent oder ein bestimmtes Persönlichkeitsmerkmal fehlt. An welcher Stelle steht es in Ihrer Prioritätenrangfolge? Ist es unverzichtbar oder können Sie es kompensieren? Prüfen Sie dazu, ob Sie das eine oder andere fehlende Potenzial eventuell „einkaufen" können (z.B. durch Einstellung eines geeigneten Mitarbeiters, durch das Outsourcen bestimmter Aufgaben an einen Dienstleister usw.). Geben Sie nicht der Versuchung nach, es einfach selber zu probieren. Konzentrieren Sie sich auf Ihre Stärken, nicht auf Ihre Schwächen.

Seien Sie ehrlich zu sich selbst. Alles, was Sie bereits bei der Planung des Vorhabens berücksichtigen, kann Sie auf dem Weg zum Ziel nicht mehr überraschen und scheitern lassen.

Selbstreflexion: Bin ich auf dem richtigen Weg?

Sie haben Ihr Ziel formuliert und überprüft, ob eine realistische Chance besteht, es zu erreichen. Sie sind sich ziemlich sicher, dass Sie das für Sie richtige und erstrebenswerte Ziel definiert haben. Ziemlich sicher oder ganz sicher? Eine sehr einfache, wenn auch durchaus zeitintensive Übung empfiehlt sich, wenn Sie noch einen leisen Zweifel an der Richtigkeit Ihrer Zielsetzung haben.

Übung 1: Mein Leben nach der Zielerreichung

Schreiben Sie handschriftlich (so ist auch das Unterbewusstsein involviert) Ihre Geschichte auf. Das Thema: „So lebe ich, wenn ich mein Ziel erreicht habe!" Definieren Sie dazu bis ins kleinste Detail, wie Sie sich Ihr Leben vorstellen, wenn Sie Ihr Ziel erreicht haben. Beschreiben Sie dieses Leben ganz genau, achten Sie auch auf Ihre Gefühle sowie darauf, wie Sie sich dann sehen („Ich nehme mich jetzt, nachdem ich mein Ziel erreicht habe, wie folgt wahr: ..."), wie andere Menschen zu Ihnen stehen und auf Sie reagieren („Meine Freunde, Kollegen, Familie, Bekannten, Fremde reagieren auf mich jetzt, nachdem ich mein Ziel erreicht habe, so: ..."). Schreiben Sie in der Gegenwart. Beim Schreiben werden Sie klar erkennen, ob Sie dieses Ziel wirklich erreichen möchten:

- Wenn ja, werden Sie Ihre Geschichte flüssig, mit Elan und voller Vorfreude aufschreiben.

- Wenn nicht, werden Sie an irgendeinem Punkt nicht mehr weiterkommen. Dann müssen Sie noch einmal an Ihrer Zieldefinition arbeiten.

Übung 2: Anderen vom Ziel erzählen

Erzählen Sie Ihrer Familie oder Freunden von Ihrem Ziel und davon, wie Sie sich Ihr Leben dann vorstellen. Achten Sie auf Ihre Körpersprache, während Sie sprechen. Sie ist ein wichtiger Indikator dafür, ob Sie hinter Ihrem Ziel stehen. Sie sind durchaus in der Lage, mit der Kraft Ihrer Gedanken Ihre Worte zu steuern, Ihr Körper jedoch wird von Ihrem Unterbewusstsein gesteuert.

Beispiel

 Sie erzählen in blumigen, positiven Worten von Ihrem Ziel, jedoch mit hängenden Schultern. Verbalisation und Körpersprache entsprechen sich in diesem Fall nicht. Das ist ein sicheres Signal, dass etwas nicht stimmt.

Wenn Worte und Körpersprache nicht übereinstimmen

Ziele sind flexibel

Manchmal passiert es, dass sich plötzlich und unerwartet die Lebensumstände oder Rahmenbedingungen ändern. Von positiv, wie Lottogewinn, bis negativ, wie Krankheit, bietet das Leben jede Form von Überraschung. In diesen Fällen ist das angestrebte Ziel oft nicht mehr relevant und muss durch ein neues ersetzt werden.

Aber auch die eigene, persönliche Entwicklung kann durchaus eine Korrektur des Ziels verlangen. Stellen Sie zu irgendeinem Zeitpunkt fest, dass Ihr Ziel nicht mehr genau dem entspricht, was Sie aktuell erreichen möchten, ändern Sie es. Es ist einzig und alleine Ihr persönliches Ziel. Wichtig ist, dass Sie in jeder Phase sicher sind, dass Sie genau das und nichts anderes erreichen wollen.

Auf einen Blick: Meine selbstbestimmte Zukunft planen

- Nur wer ein klar definiertes Ziel vor Augen hat, hat die Chance dort anzukommen.

- Das Ziel muss den eigenen Wertvorstellungen entsprechen. Wertekonflikte blockieren Sie in Ihren Handlungen und Entscheidungen.

- Ihre Potenziale sind die Basis, um dieses Ziel zu erreichen. Je mehr Sie von Ihren Potenzialen aktiv einbringen können, desto besser.

- Benötigte Potenziale, über die Sie nicht verfügen, sollten Sie durch Fremdleistung ergänzen. Fokussieren Sie sich auf Ihre Stärken!

Umsetzen:
meine Ziele realisieren

Der Weg zum Ziel ist nur selten bequem. Er ist kurvig und holprig. Sie brauchen Vertrauen in sich selbst und Helfer, damit Sie ihn bis zum Ende gehen können.

In diesem Kapitel erfahren Sie, wie Sie

- sich für den Weg zum Ziel stärken,
- mit Widerständen und Hindernissen umgehen,
- Unterstützer finden und negative Einflüsse meiden.

Mit Selbstvertrauen und Selbstverantwortung zum Ziel

Haben Sie sich schon einmal gefragt, wozu Sie fähig wären und wie Sie leben würden, wenn Sie Vertrauen in Ihre eigenen Potenziale und damit in sich selbst hätten? Wenn Sie den Mut aufbrächten, Verantwortung für Ihr eigenes Leben zu übernehmen?

Beispiel

Frau Meyer träumte schon ihr ganzes Leben lang davon, ihrem Hobby, Wohnräume zu dekorieren, irgendwie mehr Zeit einzuräumen. Ihr Geld verdiente sie als Bankangestellte, ein Job, der ihr einen guten Verdienst ermöglichte, aber den sie sachlich und ohne Leidenschaft erledigte. Als sie aufgrund der Schließung ihrer Bankfiliale arbeitslos wurde, hatte sie die Möglichkeit, entweder im hart umkämpften Markt eine neue Anstellung bei einer anderen Bank zu suchen, oder ihr Hobby zum Beruf zu machen. Sie fasste all ihren Mut zusammen, sprach Makler und Immobilienverwaltungen an und verdient ihr Geld jetzt mit Homestaging, dem Dekorieren von leer stehenden Wohnungen, die so besser verkauft oder vermietet werden können.

Allein durch die Tatsache, dass Sie sich mit Ihrer Persönlichkeit, Ihren Potenzialen und Ihren Wünschen auseinandersetzen, sind Sie Ihrem Ziel schon deutlich näher gekommen. Inzwischen kennen Sie Ihre Potenziale, haben Ihr persönliches Ziel definiert und auf Umsetzbarkeit überprüft. Jetzt müssen Taten folgen, die einiges von Ihnen abverlangen:

- Mut, den Schritt aus der Komfortzone zu wagen
- Disziplin und Beharrlichkeit

- Selbstvertrauen
- Selbstverantwortung

Um den Mut zu finden, die eigene Komfortzone zu verlassen, machen Sie sich noch einmal klar, warum genau Sie die Veränderung anstreben, über welche Potenziale Sie verfügen und was Sie schon alles in Ihrem Leben erreicht haben (Stichwort: „Wachstumsbaum"). Stellen Sie sich noch einmal vor, wie Sie sich genau fühlen werden, wenn Sie Ihr Ziel erreicht haben.

Überlegen Sie auch, ob Sie das, was Sie erreichen möchten, eventuell bereits einmal gekonnt bzw. gehabt haben. Wenn das der Fall ist, führen Sie sich noch einmal vor Augen, wann und wo das war. Wenn Sie es schon einmal erreicht haben, schaffen Sie es auch wieder. Vielleicht kennen Sie ja auch jemanden, der bereits das erreicht hat, was Sie anstreben. Nehmen Sie sich diesen Menschen zum Vorbild. Analysieren Sie, aus welcher Situation und aus welcher Motivation heraus er sein Ziel erreicht hat. Wie ist er vorgegangen? Können Sie daraus etwas für sich lernen?

Beispiel

Frau Meyer aus dem Beispiel zuvor hat sich in dem Moment, in dem ihre Existenz durch den Verlust des Arbeitsplatzes gefährdet war, auf das besonnen, was sie am besten kann und am liebsten macht. Sie hat den Mut gehabt, aus dieser Situation, die viele in die Verzweiflung getrieben hätte, für sich eine neue Existenzgrundlage zu schaffen. Sie hat sich selbst und ihren Fähigkeiten vertraut und die Verantwortung für ihre Entscheidung übernommen, sich weder in die Arbeitslosigkeit zu begeben, noch den bisher wirtschaftlichen erfolgreichen Weg weiterzuverfolgen.

Sich selber annehmen und akzeptieren

Sie haben bereits erfahren, was Selbstachtung und Selbstbewusstsein bedeuten und wie wichtig die Einstellung zu sich
selbst für den persönlichen Erfolg ist. Hier gehen Sie noch
einen Schritt weiter: Neben dem Bewusstsein über das, was
Sie als Persönlichkeit ausmacht und über die Kenntnis Ihrer
Potenziale hinaus benötigen Sie auch Vertrauen in sich selbst
– Selbstvertrauen.

Selbstvertrauen

Es ist erstaunlich, wie viele Menschen erhebliche Selbstzweifel haben und mit sich hadern. Eine denkbar schlechte Voraussetzung, um Veränderungen anzupacken, die Selbstvertrauen

und Mut voraussetzen. Sie sind allein auf die Welt gekommen und werden diese allein wieder verlassen. Wäre es nicht durchaus sinnvoll, wenn Sie sich dazwischen mit Ihrem Selbst anfreundeten?

Nehmen Sie sich selber so an, wie Sie sind? Nicht oder nur bedingt? Kein Mensch ist in allen Aspekten perfekt. Wichtig ist es, die eigenen Stärken, die Potenziale und Einzigartigkeit zu erkennen, zu schätzen und sich selbst zu vertrauen.

> Konzentrieren Sie sich nicht auf das, was Ihnen an sich selbst nicht perfekt erscheint. Stärken Sie stattdessen das, was Sie der Welt zu bieten haben: Ihre individuellen Potenziale und Ihre Einzigartigkeit!

Die folgende Übersicht zeigt in der linken Spalte typische Verhaltensweisen von Menschen, die sich selbst akzeptieren und wertschätzen. In der rechten Spalte steht das entsprechende Verhalten bei fehlender Selbstakzeptanz:

Verhalten bei Selbstakzeptanz	Verhalten bei fehlender Selbstakzeptanz
■ Selbstbewusst auftreten; das einfordern, was man wert ist	■ Bescheiden auftreten, weniger akzeptieren, als man wert ist
■ Die eigenen Erfolge selbst anerkennen	■ Die eigenen Erfolge klein reden
■ Den eigenen Weg kennen und ihn selbstbewusst gehen ■ Das eigene Ziel nie aus den Augen verlieren	■ Die eigenen Pläne und Ziele solange mit anderen Menschen besprechen, bis man selbst nicht mehr an deren Umsetzung glaubt

Verhalten bei Selbstakzeptanz	Verhalten bei fehlender Selbstakzeptanz
▪ Sich selbst akzeptieren und darauf vertrauen, dass man am besten weiß, was das Richtige ist	▪ Sich mit anderen Menschen vergleichen
▪ Agieren statt reagieren	▪ Darauf warten, von anderen entdeckt zu werden
▪ Selbst entscheiden, wer und was Platz im eigenen Leben hat	▪ Zeit haben für alles und jeden, nur nicht für sich selbst
▪ Verantwortung für sich selbst übernehmen	▪ Sich nach der Meinung anderer richten

Niemand kann Ihnen die Entscheidung abnehmen sich selbst zu akzeptieren und in Ihre Potenziale zu vertrauen. Sie selbst müssen sich über den Weg des Sich-Selbst-Bewusstseins, der Selbstakzeptanz, der Selbstachtung dahin bringen, dass Sie sich auch selbst vertrauen.

Verantwortung für sich übernehmen

In diesem Kapitel können Sie überprüfen, wie es wirklich um Ihr Selbstvertrauen steht. Treffen Sie für sich und Ihr Leben Entscheidungen und übernehmen Sie dafür auch die volle Verantwortung?

Mit jeder Entscheidung, die man trifft, gibt man seinem Leben eine bestimmte Richtung. Mal sind es kleine Entscheidungen mit entsprechend geringen Folgen, mal große mit weitreichenden, langfristigen Folgen. Entsprechend leicht oder schwer fällt die jeweilige Festlegung. Je nach Persönlichkeitsstruktur, d.h. individueller Ausprägung der Persönlichkeitsmerkmale, entscheidet man sich entweder spontan und schnell (hohe Ausprägung in der Dimension „Extraversion") oder benötigt einen langen Prozess, in dem jedes Für und Wider genau gegeneinander abgewogen wird (hohe Ausprägung in der Dimension „Gewissenhaftigkeit"). Natürlich können mögliche Entscheidungen und deren Folgen mit anderen Menschen diskutiert werden, Ratschläge angenommen und überprüft werden. Aber die Entscheidung treffen letztendlich Sie. Und nur Sie sind dafür verantwortlich.

Beispiel

 Ein 40-jähriger Mann würde gerne nach Neuseeland auswandern. Mit seinen Ausbildungen, beruflichen Qualifikationen und Erfahrungen erfüllt er die Bedingungen für eine Arbeitserlaubnis. Er war bereits vor Ort, hat Kontakte geknüpft und ein konkretes Jobangebot vorliegen, das ihn sehr reizt. In Gesprächen mit seinem privaten Umfeld wird er jedoch mit immer mehr Bedenken konfrontiert.

Entscheidet er sich für die Auswanderung, wird er zeigen müssen, dass die Bedenken der anderen unnötig waren, sich seine Erwartungen erfüllt haben und er erfolgreich seine Zukunft in die Hand genommen hat. Entscheidet er sich gegen die Auswanderung, hat er sich für die Bedenkenträger aus seinem Umfeld und gegen seine Überzeugung entschieden. Egal, wie es weitergeht: Die Verantwortung für die Entscheidung und die damit verbundenen Konsequenzen liegen allein bei ihm.

Die Beantwortung der folgenden Fragen hilft Ihnen herauszufinden, wie Sie selbst mit dieser Verantwortung umgehen. Nehmen Sie sie an oder überlassen Sie eher anderen Menschen Entscheidungen, die letztendlich Sie selbst betreffen?

Das wäre ein Zeichen dafür, dass Sie noch an Ihrem Selbstvertrauen arbeiten müssen.

Mit Verantwortung umgehen

- Habe ich schon einmal die Verantwortung für Entscheidungen, die mich und mein Leben betrafen, abgegeben oder versucht abzugeben?
- In welcher Situation war das?
- Wie habe ich mich gefühlt, nachdem ich die Verantwortung abgegeben habe und eine Entscheidung von anderen für mich getroffen wurde?
- Hat mich diese Entscheidung in meinem Leben weitergebracht?
- Würde ich mit dem, was ich inzwischen über mich selbst erfahren habe, in einer ähnlichen Situation wieder so handeln?
- Finde ich in meinem Wachstumsbaum Potenziale, auf die ich in einer solchen Situation zurückgreifen könnte, um mich bewusst und mit Selbstvertrauen dieser Verantwortung stellen zu können?

Eigene Weiterentwicklung

- Wann habe ich die letzte wichtige Entscheidung für mich und meine persönliche Weiterentwicklung getroffen?
- In welcher Situation war das?
- Wie habe ich mich gefühlt, bevor ich zu einer Entscheidung kam?

- Wie habe ich mich gefühlt, nachdem ich die Entscheidung getroffen habe?

- Welche Potenziale kamen hier ins Spiel?

- Worauf basierte mein Vertrauen?

Machen Sie sich die damalige Situation bewusst und überlegen Sie, ob es Parallelen zu der anstehenden Entscheidung gibt. Auf welche Ihrer Potenziale können Sie bauen?

Selbstvertrauen bei Entscheidungen

- Welche für mein Leben relevanten Entscheidungen habe ich getroffen, bei denen ich mir selbst vertraut habe? Welche fallen mir spontan ein?

- Haben diese mich in meinem Leben weitergebracht?

- Welche Potenziale kamen hier ins Spiel?

- Worauf basierte das Vertrauen?

Machen Sie sich auch hier die damalige Situation bewusst und überlegen Sie, ob es Parallelen zu der anstehenden Entscheidung gibt. Auf welche Ihrer Potenziale können Sie bauen?

Erkennen Sie ein Muster? Indem Sie sich die vergangenen Situationen noch einmal in Ruhe vor Augen führen und analysieren, haben Sie die Chance Ihre individuellen Verhaltensmuster zu erkennen. Wann übernehmen Sie ganz bewusst die Verantwortung; wann neigen Sie dazu, diese abzugeben? War dieses Verhalten für Sie in der Vergangenheit erfolgreich, oder sollten Sie etwas ändern? Haben Sie Potenziale erkannt, auf die Sie zukünftig in ähnlichen Situationen vertrauen können?

Raus aus der Fremdbestimmtheit

Veränderungen beginnen immer bei einem selbst. Niemand hat je behauptet, dass diese einfach oder bequem wären. Es ist immer leicht, Verantwortung abzugeben, eventuell sogar die eine oder andere Entscheidung bewusst anderen zu überlassen, oder sich mit seinen Entscheidungen anzupassen und nicht gegen den Strom zu schwimmen. Der Preis für diese Bequemlichkeit ist meistens ein Leben im Durchschnitt, welches in der Regel hinter den individuellen Möglichkeiten bleibt. Es bedeutet Fremdbestimmtheit in vielen Bereichen und eingeschränkte Freiheit in der Entwicklung und im Ausleben der eigenen Potenziale.

Übung: Selbstverantwortung übernehmen

Was wäre, wenn Sie Ihre Selbstverantwortung bewusst annehmen würden? Beantworten Sie dazu folgende Fragen:

- Wenn ich wirklich akzeptieren würde, dass ich voll verantwortlich für mein Leben und meine Erfolge bin, was würde ich anders machen?
- Wie würde mein Umfeld auf mich reagieren?
- Welche Ängste hindern mich, in voller Eigenverantwortung meine Ziele zu verfolgen?
- Auf welche Potenziale kann ich zurückgreifen, um diesen Ängsten entgegentreten zu können?

> Selbstvertrauen gewinnt man dadurch, dass man genau das tut, wovor man Angst hat, und auf diese Weise eine Reihe von erfolgreichen Erfahrungen sammelt. (Dale Carnegie)

Grenzen setzen

Viele Menschen, insbesondere diejenigen, deren Persönlichkeitsdimension „Verträglichkeit" besonders ausgeprägt ist, blockieren sich in ihren Zielen dadurch, dass sie anderen keine oder zu offene Grenzen setzen. Sie sind nicht in der Lage, durch ein klar formuliertes „Nein" ihrer Verantwortung sich selbst gegenüber gerecht zu werden.

Beispiel

 Sie haben mal wieder Aufgaben für nette Kollegen übernommen, obwohl Sie deswegen selbst Überstunden machen müssen.

Übung: Nein-Sagen lernen

In welchen Situationen haben Sie in Ihrem Leben „Ja" zu etwas gesagt, obwohl Ihnen ein „Nein" lieber gewesen wäre? Passiert Ihnen das häufig oder eher selten? Bei dieser Übung haben Sie die Möglichkeit, Ihr eigenes Verhaltensmuster zu erkennen. Sie können sich mit dem, was Sie bisher über sich erfahren haben, Lösungswege erarbeiten, die Ihnen zukünftig ein „Nein" ohne schlechtes Gewissen ermöglichen:

- Notieren Sie typische Situationen, in denen Sie bisher immer „Ja" statt „Nein" gesagt haben.
- Führen Sie sich die jeweiligen Situationen noch einmal vor Augen und fragen sich nach dem Grund, warum Sie sich in diesen Fällen so entschieden haben.
- Überlegen Sie für jeden dieser Fälle, ob Sie mit dem, was Sie inzwischen über sich selbst in Erfahrung gebracht haben, wieder so handeln würden.

- Haben Sie Potenziale erkannt, die Ihr Selbstbewusstsein und Ihre Selbstakzeptanz so stärken, dass Sie zukünftig eine andere Handlungsmöglichkeit für sich sehen?
- Spielen Sie jetzt eine typische Ja-Sage-Situation durch. Geben Sie jetzt jedoch als Antwort ein klares „Nein". Wie fühlen Sie sich dabei? Was ändert sich für Sie?

Eigene Erfolge anerkennen

Auf Ihrem Weg zum Ziel werden Sie viele kleinere und größere Etappen- bzw. Teilerfolge erleben. Es ist wichtig, dass Sie diese bewusst wahrnehmen und anerkennen. Stehen Sie zu diesen Leistungen!

Beispiel

 Frau Müller wird von ihrem Vorgesetzten gelobt, weil sie durch schnelles und kreatives Handeln einen Problemfall in einen positiven Präzedenzfall verwandeln konnte. Sie kommentiert das Lob mit den Worten: „Ach, das lag doch auf der Hand. Das hätten die Kollegen doch nicht anders gelöst".

Übung: Kleinrede-Situationen identifizieren

In welchen Situationen haben Sie sich für eine gute Leistung regelrecht bei anderen entschuldigt und so Ihre Leistung heruntergespielt? Führen Sie sich diese Situationen vor Augen und listen Sie sie auf. Beispiele:

- Wenn ich für gute Leistungen im Beruf gelobt wurde oder
- wenn ich einen sportlichen Erfolg errungen habe.

Stellen Sie sich jetzt vor, wie Sie mit Ihrem neu erstarkten Selbstbewusstsein stolz zu Ihren Erfolgen stehen. Was fühlen Sie dabei?

Beispiel

> Frau Müller, die sich immer darüber ärgerte, dass sie bei Gehalts-erhöhungen oder Beförderungen trotz guter Leistungen und Lob durch Vorgesetzte nicht berücksichtigt wurde, hat an ihrem Verhalten gearbeitet. In der nächsten Situation, in der sie gelobt wird, kommentiert sie dies so: „Vielen Dank! Da kam mir wirklich meine Erfahrung aus dem Aufenthalt in China zugute."

Übung: Erfolgsbewusstsein lernen

Erstellen Sie eine Liste wie die folgende, die Sie immer wieder zur Hand nehmen und aktualisieren können. Tragen Sie für jede Aussage Ihre Zustimmung auf einer Skala von 0 bis 10 (0 = stimme überhaupt nicht zu, 10 = stimme voll zu) ein. So können Sie identifizieren, an welchen Punkten Sie noch ar-beiten sollten.

Mein Erfolgsbewusstsein	Punkte
■ Ich bin mir meiner Talente und Fähigkeiten voll bewusst.	
■ Ich habe meine Einzigartigkeit erkannt.	
■ Ich akzeptiere mich in meiner Einzigartigkeit.	
■ Ich kenne meine individuelle Motivation.	
■ Ich habe meinen Wert erkannt.	
■ Ich kann auf mich selbst vertrauen und Mut und Energie aus meinen eigenen Potenzialen schöp-fen.	

Wie gehe ich mit Widerständen um?

Wohl jeder kennt sie, die Stolpersteine, Widerstände und Hindernisse, die einem den Weg zum Ziel erschweren. Diese Widrigkeiten können aus ganz unterschiedlichen Richtungen kommen – und manchmal entpuppt man sich selbst als Saboteur. Fast jeder lebt unter dem Einfluss von sog. einschränkenden Glaubenssätzen, ohne sich dessen bewusst zu sein.

Einschränkende Glaubenssätze

Einschränkende Glaubenssätze sind Überzeugungen, mit denen wir praktisch alle unbewusst leben und denen wir gestatten, Einfluss auf unsere Handlungen und Entscheidungen zu nehmen. So haben wir z. B. die Aussagen von uns nahe stehenden Personen (Familie, Freunden) und Autoritätspersonen (Eltern, Großeltern, Lehrern, Vorgesetzten usw.) verinnerlicht. Oft ist das schon im Kindesalter passiert. Viele dieser Aussagen hatten damals sicher eine gewisse Berechtigung, waren aus Sicht der betreffenden Person gut gemeint und sollten uns schützen. Nie hinterfragt und nach wie vor unbewusst gültig, schränken uns jedoch genau diese Überzeugungen in unserem Denken und Handeln später im Leben oft extrem ein.

Beispiel

 Handwerkliche Tätigkeiten sind nichts für Mädchen.
Wer alle Aufgaben ohne Widerrede oder Diskussion ordentlich und fleißig erledigt, macht Karriere.

> Um als Mensch wertvoll zu sein, muss ich jedem helfen, der irgendwie Hilfe braucht.
>
> Wenn ich jemanden um Hilfe bitte, ist das ein Zeichen von Schwäche.
>
> Ich bin nicht sportlich (kreativ, musikalisch ...).

Vielleicht haben Sie beim Lesen der anderen Kapitel schon den einen oder anderen Glaubenssatz, den Sie mit sich herumtragen, entdeckt. Oft stehen diese im Zusammenhang mit dem Thema „Selbstbewusstsein". Falls Sie festgestellt haben, dass das von Ihnen definierte Ziel nicht mit dem ursprünglich spontan notierten Wunschziel übereinstimmte, weil dieses Ihnen zu groß oder zu weit weg erschien, sollten Sie jetzt überprüfen, ob Ihnen dabei eventuell ein Glaubenssatz in die Quere kam. Wenn das passiert ist, machen Sie die folgende Übung. Setzen Sie sich dann noch einmal mit Ihrer Zieldefinition auseinander.

Übung: Glaubenssätze identifizieren und entkräften

Überlegen Sie, welche Glaubenssätze Sie bisher beeinflusst haben und stellen Sie eine Liste dieser Glaubenssätze zusammen.

- Notieren Sie für jeden einzelnen Glaubenssatz, der Sie in irgendeiner Form einschränkt, von wem Sie ihn übernommen haben und ob diese Person nach wie vor so einen großen Einfluss auf Sie hat, dass Sie weiterhin mit diesem Glaubenssatz leben.

- Halten Sie fest, welche Einschränkungen für Sie mit diesem Glaubenssatz verbunden sind und was Sie diese Einschränkungen (am Tag) kosten (z. B. Zeit, Konfliktsituationen, verpasste Chancen).

- Schreiben Sie auf, was die langfristigen Folgen für Sie sein werden, wenn Sie sich dieses Glaubenssatzes nicht entledigen.

- Arbeiten Sie für jeden Glaubenssatz, der Sie einschränkt, heraus, wieso es keinen Sinn macht, sich in dieser Form einzuschränken.

Widerstände aus dem eigenen Umfeld

Oft erfährt man in Situationen, in denen man Veränderungen anstrebt und sich weiterentwickeln will, Widerstände aus einer ganz unerwarteten Richtung: aus dem eigenen Umfeld. Diese Widerstände sind häufig sehr subtil und erst auf den zweiten Blick erkennbar. Vordergründig kommen sie daher als

- gute Ratschläge,

- freundschaftliche Empfehlungen,

- Sensibilisierungen für das Risiko oder

- Appelle an die „Vernunft".

Zum Teil resultieren die Widerstände aus Verlustängsten Ihrer Freunde, Verwandten, Eltern usw., die befürchten, dass Sie durch die anstehenden Veränderungen zukünftig weniger Kontakt, weniger Nähe, weniger Austausch haben werden. Teilweise steckt auch die Angst vor dem eigenen Zurückbleiben dahinter. Da wird erkannt, dass sich jemand aus dem eigenen

Umfeld aus der Komfortzone heraus begibt, sich den Gefahren und dem Ungewissen „dort draußen" stellt und damit eventuell auch noch einen Erfolg haben wird, den man selbst zu gerne hätte – wenn da nicht diese Angst wäre, sich selbst dorthin zu bewegen. Also wird versucht, dieser Unruhe damit zu begegnen, dass man nach Möglichkeiten sucht, diesen Menschen von seinem Vorhaben abzubringen.

Beispiel

 Werden Krebse gefangen, kann man sie recht einfach in einem offenen Eimer festhalten, obwohl sie sich durch Herauskrabbeln selbst daraus befreien könnten. Sobald ein Krebs versucht, aus dem Eimer zu klettern, halten die anderen ihn mit ihren Scheren fest. Ganz ähnlich reagieren Menschen sowohl privat als auch beruflich, wenn ein anderer aus dem gemeinsamen „Eimer" ausbrechen will.

> Halte Dich fern von jenen, die Deine Lebensträume schlecht machen. Kleine Leute tun das andauernd. Wirklich große Menschen jedoch sorgen dafür, dass Du ebenfalls groß werden kannst. (Mark Twain)

Widerstände sind dazu da, um an ihnen immer wieder zu prüfen, ob Sie mit der nötigen Stärke und dem gebotenen Elan Ihr Ziel verfolgen. Halten Sie es weiterhin im Fokus und verfolgen Sie Ihren Weg. Wenn Sie an sich und Ihr Ziel glauben und sich dafür entschieden haben, es zu erreichen, geben Sie niemandem die Autorität, besser als Sie selbst zu wissen, was für Sie richtig ist.

Insbesondere bei den Menschen, die Ihnen sehr nahestehen und Sie mit gut gemeinten Ratschlägen von dem Vorhaben abbringen wollen, besteht die Herausforderung darin, diese durch die eigene Beharrlichkeit nicht vor den Kopf zu stoßen. Zum einen sollten Sie sich natürlich grundsätzlich gut überlegen, wem Sie überhaupt von den Plänen erzählen und zum anderen kommt Ihnen auch hier das erworbene Selbstbewusstsein und das Selbstvertrauen zu Gute. Sie wissen schließlich genau, warum Sie Ihr Ziel anstreben und warum Sie es auch erreichen können: Es basiert auf Ihren individuellen Potenzialen, die Sie mit Erreichung Ihres Ziels voll entfalten können.

Rückschläge und Misserfolge

Überall dort, wo Veränderungen anstehen, Ziele verfolgt und Träume realisiert werden, bleiben Misserfolge und Rückschläge nicht aus. Trotz guter Planung ist niemand vor solchen negativen Erfahrungen gefeit. Wichtig ist nur, sich dadurch nicht entmutigen zu lassen, wenn man fest an sein Ziel glaubt und dieses erreichen will. Nicht jeder findet das erhoffte Glück oder den Erfolg. Aber wer es nicht wenigstens versucht, wird ewig seinen Träumen hinterher trauern und unzufrieden sein. Nehmen Sie Misserfolge und Rückschläge zur Kenntnis. Es sind Stolpersteine auf Ihrem Weg. Sie haben erst dann verloren, wenn Sie Ihr Ziel wegen dieser Hürden aus den Augen verlieren! Finden Sie daher Wege, diese Stolpersteine zu umgehen (auch wenn Sie schon blaue Flecken oder ein gebrochenes Bein haben), richten Sie Ihr Augenmerk weiterhin auf Ihr Ziel und vertrauen Sie auf sich und Ihre Potenziale.

Vorbilder – andere haben es auch geschafft

Die Geschichte ist voll von Menschen, die mit ihren Träumen, Visionen und dem unerschütterlichen Glauben an sich selbst das scheinbar Unmögliche realisiert haben – allen Widerständen zum Trotz.

Beispiel

 Thomas Alva Edison ging als Erfinder der Glühlampe in die Geschichte ein. Bis zu diesem Erfolg wurde sein Selbstvertrauen auf viele harte Proben gestellt: Rund 2.000 Versuche brauchte Edison, bis er den Kohlefaden in einer Lampe zum Leuchten bringen konnte. Er ließ sich davon allerdings wenig beeindrucken. Angeblich kommentierte er seine Fehlversuche so: „Ein Misserfolg war es nicht. Denn wenigstens kennt man jetzt 2.000 Arten, wie ein Kohlefaden nicht zum Leuchten gebracht werden kann."

Übung: Positiv umgehen mit Rückschlägen

Stellen Sie sich eine Liste solcher Erfolgsgeschichten zusammen. Welche Menschen fallen Ihnen noch ein, die mit ihren Träumen, Visionen und dem unerschütterlichen Glauben an sich selbst ihren ganz eigenen Weg gegangen sind? Es sind nicht immer nur diejenigen, die in aller Welt bekannt sind. Manchmal sind es auch Menschen aus dem eigenen Umfeld, die etwas vollbracht haben, was ehemals unmöglich erschien. Vielleicht kennen Sie jemanden, der als extrem schlechter Schüler mit miesem Abschluss ein sehr erfolgreicher Unternehmer wurde, jemanden, der sich den Lebenstraum einer Weltumsegelung erfüllte oder der durch einen Umzug in eine andere Gegend den Traumjob annehmen konnte. Beispiele für solche Erfolgsgeschichten gibt es genug.

Wann immer Ihnen ein Stolperstein im Weg ist, holen Sie diese Liste hervor und rufen Sie sich so Ihre Vorbilder in Erinnerung. Die haben es geschafft – trotz aller Schwierigkeiten. Ist Ihr aktueller Stolperstein wirklich so groß, dass es keinen Weg darüber hinweg, keinen daran vorbei gibt? Suchen Sie einen Umweg und fokussieren Sie sich dann erneut auf Ihr Ziel.

Fehler sind da, um aus ihnen zu lernen. Jeder Fehler, den Sie auf Ihrem Weg machen, bereitet Sie darauf vor, bei Erreichen des Ziels die richtigen Qualifikationen und Erfahrungen zu haben.

Wie finde ich Unterstützer?

Gemeinsam ist vieles einfacher. Bei Veränderungen ist es hilfreich, sich Unterstützer zu suchen:

- Wenn Sie Erfahrungsaustausch und Ermutigung suchen, halten Sie Ausschau nach Menschen, die bereits viel erreicht haben und sich nicht über das Kleinhalten oder Manipulieren anderer Menschen definieren, sondern aus sich selbst heraus. Diese Menschen teilen ihre Erfahrungen, fördern andere und stellen auch durchaus unbequeme Fragen, um immer wieder zu testen, ob die Ernsthaftigkeit und Stärke zur Zielerreichung bei Ihnen gegeben sind. Achten Sie jedoch darauf, dass es Menschen sind, die Ihre Wertvorstellungen teilen, da es sonst zu Konflikten kommen kann.

- Benötigen Sie praktische Unterstützung, etwa bei der Hausarbeit, um Freiräume für eine Weiterbildung zu bekommen, überlegen Sie, ob Sie eventuell Ihre Familie stärker in den Haushalt einbinden können oder sich eine Haushaltshilfe leisten können.

- Benötigen Sie finanzielle Unterstützung, einen Investor oder Sponsor, müssen Sie mit sachlichen Fakten, gegebenenfalls mit bereits erlangten Erfolgen und mit Ihrer persönlichen Begeisterung überzeugen.

Mit Sachargumenten gewinnen

Je nachdem, was Sie planen, sollten Sie eine übersichtliche, sachlich fundierte Aufstellung ausarbeiten, aus der hervorgeht, was Sie genau zur Erreichung von genau was benötigen. Sollten Sie sich selbstständig machen wollen, wäre das beispielsweise ein Businessplan. Je genauer und ausführlicher so eine Übersicht von Ihnen erstellt worden ist und je besser daraus auch ersichtlich wird, warum und wie Sie dieses Ziel erreichen wollen und können, desto eher können Sie auch mit Sachargumenten überzeugen.

Mit eigenen Erfolgen punkten

Selbstverständlich können Sie auch durch Taten und bereits erlangte Erfolge überzeugen. Das können zum einen Erfolge aus Ihrer Vergangenheit sein, die Sie für die jetzt vor Ihnen liegende Aufgabe qualifizieren, oder auch Teilerfolge, die Sie bereits auf dem Weg zu Ihrem Ziel erreicht haben.

Begeisterung auf andere übertragen

Neben der sachlichen Argumentation spielt vor allen Dingen auch Ihre Einstellung eine entscheidende Rolle. Sie müssen von Ihrer eigenen Idee durch und durch überzeugt sein. Nur dann können Sie die Flamme Ihrer Begeisterung für das, was Sie vorhaben, auf andere Menschen übertragen. Nur echte Begeisterung kann auch bei anderen Begeisterung auslösen. Das funktioniert nur, wenn man für eine Sache brennt. Hier können Sie mit Ihrer Einzigartigkeit punkten: Wer, wenn nicht Sie, auf den dieses Ziel ja absolut passend zugeschnitten ist, könnte es je erreichen?

Wie man sich selbst unterstützt

Alles, was um Sie herum geschieht, beeinflusst Sie in irgendeiner Form: Menschen, Bücher, Filme, Nachrichten, Bilder, Räumlichkeiten, Natur usw. Einiges beeinflusst Sie stärker, einiges weniger stark. Wichtig ist, dass Sie sich bewusst machen, was Sie beeinflusst und vor allen Dingen in welcher Form: positiv oder negativ. Natürlich können Sie Ihre Umwelt nicht komplett nach Ihren Vorlieben gestalten. Allerdings haben Sie durchaus Einfluss darauf, was Sie wie wahrnehmen. Stellen Sie fest, dass es Dinge oder auch Menschen gibt, die Sie negativ beeinflussen, versuchen Sie, diese entweder aus Ihrem Leben zu verbannen, oder ihnen nur wenig Raum zu geben und möglichst geringe Aufmerksamkeit zu schenken.

Beispiel

 Sie haben einen Kollegen, der immer auftaucht, wenn Sie sich Ihren Kaffee in der gemeinsamen Küche holen. Und mit dem Sie morgens beim Kaffee anstehende Arbeiten, aber auch Pläne und Ideen besprechen. Sie sind regelmäßig genervt, wenn dieser Kollege, in Ihren Augen ein absoluter Bedenkenträger, all das, was Sie an Ideen haben, zerredet. Sein liebster Spruch scheint „Das geht nicht, weil ..." zu sein. Was hindert Sie daran, Ihren Tagesablauf ein wenig umzugestalten, so dass sich diese Gelegenheit für ein Treffen einfach nicht mehr ergibt?

Fokussieren Sie sich auf positive Dinge. Räumen Sie Menschen, die Sie in negative Stimmung bringen, Pessimismus verbreiten und Selbstzweifel in Ihnen säen, ab sofort keine Zeit mehr ein. In letzter Konsequenz kann das natürlich auch die Trennung von Familienmitgliedern, Freunden und Bekannten bedeuten.

Nehmen Sie sich fest vor, Dingen (z.B. Büchern), Tätigkeiten und Menschen, die Ihre Inspiration und Kreativität fördern, mehr Zeit einzuräumen. So werden Sie zu Ihrem eigenen Unterstützer. Nehmen Sie sich fest vor, immun gegen jede Art von Pessimismus zu werden, indem Sie diese Dinge nicht mehr an sich heranlassen, nach entsprechenden Gesprächen keine Gedanken mehr an das Gehörte verschwenden und Ihre Gedanken auf etwas Inspirierendes richten.

Übung: Für gute Stimmung sorgen

Nehmen Sie sich fest vor, jeden Tag mindestens eine halbe Stunde mit Menschen, Tätigkeiten oder Dingen, zu verbringen, die Sie inspirieren, in gute Stimmung oder auch in kreative

Aufbruchstimmung bringen. Wählen Sie alles, was Sie beeinflussen darf, sorgfältig aus:

- Was inspiriert mich?
- Was hinterlässt bei mir gute Stimmung?
- Was bringt mich in kreative Aufbruchstimmung?

Woran messe ich den Erfolg?

So wie Ihre Motivationsquellen, Ihre Wertvorstellungen und Ihre Wunschziele, ist auch Ihr Erfolg sehr individuell definiert. Bei der Formulierung des Ziels haben Sie selbst Ihre Erfolgskriterien festgelegt. Allerdings ist Erfolg mehr als das Erfüllen eines bestimmten Kriteriums, wie z.B. der Erhalt des angestrebten Gehalts oder Jobs oder vielleicht ein neuer Lebenspartner. Erfolg wird ganz wesentlich auch durch die damit verbundenen Emotionen bestimmt. Nur wenn wir diese haben, können wir Erfolg auch spüren. Es gibt typische Emotionen im Zusammenhang mit Erfolgserlebnissen. Kreuzen Sie in der folgenden Tabelle an, welche der Emotionen Sie mit der Erreichung Ihres Ziels in Verbindung bringen.

Emotionen bei Zielerreichung	
- Enthusiasmus	- Glück
- Begeisterung	- Leidenschaft
- Vertrauen	- innerer Frieden
- Zufriedenheit	

Haben Sie Ihr dann Ziel erreicht, sollten Sie diese von Ihnen beschriebenen Emotionen fühlen. Ist das nicht der Fall, müssen Sie sich fragen, was noch fehlt. Haben Sie bei der Planung etwas übersehen? Hat sich zwischendurch für Sie etwas geändert?

> Glück besteht darin, dass zwischen dem, was du denkst, was du sagst und was du tust, Einklang herrscht. (Mahatma Gandhi)

Erinnern Sie sich noch an die Übung, in der Sie die Auswirkungen formuliert haben, die Ihr Zielhaben wird, sobald Sie es erreicht haben? Nehmen Sie sich Ihre Antworten darauf später noch einmal vor und vergleichen Sie, ob Sie alles so erreicht haben.

Beobachten Sie dann auch Ihr Umfeld. Wie reagiert es auf Sie? Strahlen Sie ruhige Zufriedenheit, mitreißende Begeisterung, Sicherheit und Vertrauen in sich selbst aus? Ob Sie Ihre Erfolge offen oder nur für sich zelebrieren, müssen Sie selbst entscheiden. Wichtig ist nur, dass Sie sie anerkennen und entsprechend würdigen. Gönnen Sie sich mit jedem erreichten Erfolg etwas. So steigern Sie ganz nebenbei Ihren Selbstwert und motivieren sich für den nächsten Schritt.

Auf einen Blick: Meine Ziele realisieren

- Selbstakzeptanz und Vertrauen in die eigenen Potenziale sind die Voraussetzungen dafür, die Verantwortung für sich und die eigenen Entscheidungen zu übernehmen.

- Um Wertschätzung zu erfahren, muss man sich selbst als wertvoll wahrnehmen und entsprechend handeln.

- Glaubenssätze, welche die Handlungs- und Entscheidungsfreiheit einschränken oder blockieren, müssen erkannt und entkräftet werden.

- Widerstände können aus allen Richtungen kommen – auch aus dem eigenen Umfeld. Der Umgang mit ihnen ist die Richtschnur dafür, ob man das Ziel mit der nötigen Stärke und dem gebotenen Elan verfolgt.

- Behalten Sie trotz Misserfolgen Ihr Ziel fest im Auge. Nicht immer führt der direkte Weg zum Ziel. Manchmal muss man auch das Ziel an neue Gegebenheiten anpassen.

- Unterstützer wollen überzeugt werden. Nichts ist ansteckender für andere als die eigene ehrliche Begeisterung.

Die eigenen Potenziale ausleben

Das Leben hat keine Stopp-Taste, die man drücken kann, wenn man glücklich und zufrieden ist. Sie und Ihr Umfeld entwickeln sich ständig weiter, stehen immer wieder vor neuen Herausforderungen und neuen Zielen.

In diesem Kapitel erfahren Sie, wie Sie

- das bisher Erreichte als Basis für Ihre Zukunft nutzen,
- immer wieder überprüfen, ob Sie aktiv Ihre Potenziale nutzen,
- Ihre Potenziale dauerhaft als Basis für Ihren Erfolg, Ihre Zufriedenheit und Ihre persönliche Weiterentwicklung einsetzen.

Was habe ich bislang erreicht?

Das Leben geht weiter – genau wie Ihre persönliche Entwicklung. Sie machen immer neue Erfahrungen, erreichen kleinere und größere Ziele und freuen sich über Ihre Erfolge. Sie lernen mit Rückschlägen und Misserfolgen umzugehen und können auch daraus wieder neue Erkenntnisse ziehen, um sie dann für zukünftige Unternehmungen einzusetzen. Halten Sie hin und wieder inne, nehmen Sie sich Ihren Wachstumsbaum zur Hand und ergänzen Sie die neuen Erfolge in dessen Krone. Sicherlich können Sie auch in seine Wurzel immer wieder neue Potenziale eintragen, so vor allem hinzu gewonnene Kenntnisse, Fähigkeiten und Kompetenzen.

Wie geht es für mich weiter?

Sie entscheiden, wie es für Sie weitergeht. Wenn Sie einmal den Schritt heraus aus Ihrer Komfortzone gemacht haben und den erstrebten Erfolg hatten, kann es sein, dass Sie sich wieder in der inzwischen vergrößerten Komfortzone einrichten und Ihre persönliche Entwicklung erst einmal stagniert. Vielleicht werden Sie aber irgendwann wieder mit einem Bereich in Ihrem Leben unzufrieden sein. Sie fangen dann erneut mit der Analyse Ihrer Lebenssituation an, stellen fest, dass Sie Veränderungsbedarf haben etc.

Vielleicht entscheiden Sie sich aber auch dafür, Ihr Leben ab sofort sehr bewusst zu gestalten. Beobachten Sie sich, Ihre Emotionen, Ihre Wünsche und Ihre jeweils aktuelle Situation sehr genau und sorgen Sie mit eigenverantwortlichen Entscheidungen und selbstbewussten Handlungen dafür, dass Sie immer ein lohnenswertes Ziel vor Augen haben, sich ständig weiterentwickeln, Erfolge für sich verbuchen können und so Ihre Zufriedenheit steigern.

Die nachfolgende Checkliste können Sie immer wieder einsetzen, um zu reflektieren, ob Sie bewusst und unter aktiver Nutzung Ihrer individuellen Potenziale leben.

Checkliste: Bewusst leben

- Stelle ich bei dem, was ich tue, meine einzigartigen Potenziale heraus? Nutze ich sie aktiv?
- Stimmt das, was ich tue, mit meinem individuellen Wertesystem überein?
- Bin ich von dem, was ich tue, begeistert?
- Bewege ich mich in einem Umfeld, in dem ich meine Potenziale nutzen und weiterentwickeln kann?

Wenn Sie auch nur eine Frage eher mit einem „Nein" beantworten, sollten Sie über Veränderungen nachdenken.

> Wer ständig glücklich sein möchte, muss sich oft verändern. (Konfuzius)

Sollten Sie durch äußere Umstände zu Veränderungen gezwungen werden, wird es Ihnen weitaus leichter fallen, mit einer solchen Situation fertig zu werden, wenn Sie vorher schon Ihr Leben bewusst gestaltet haben. Sie haben dann bereits Erfahrung mit dem Verlassen der Komfortzone gemacht, wenn auch auf freiwilliger Basis. Aber da Sie sich Ihrer

Potenziale bewusst sind, Selbstachtung haben und bereit sind, Verantwortung für Ihr Leben zu übernehmen, gehören Sie mit großer Wahrscheinlichkeit zu den Menschen, die in einer Krise ihre Chance zur Veränderung und Entwicklung sehen und entsprechend nutzen.

Selbstbestimmt: Basis für Erfolg und Zufriedenheit

Die Voraussetzung für ein selbstbestimmtes Leben ist, bewusst zu leben. Im Einzelnen bedeutet das: Sich selbst zu akzeptieren und sich zu schätzen, sich selbst zu vertrauen und Verantwortung für das eigene Leben zu übernehmen.

Alles in meiner Hand

Aktiv statt passiv

- Sie sind achtsam, wachsam und Sie agieren, statt zu reagieren.
- Sie sind präsent im Augenblick und erleben das Jetzt ganz bewusst.
- Sie bringen Ihre eigenen Handlungen bewusst in Einklang mit Ihren individuellen Potenzialen und den gesetzten Zielen.
- Sie erkennen Fehler und korrigieren diese.
- Sie verfolgen Ihre eigenen Ziele beharrlich.
- Sie sind offen für neue Erfahrungen, neues Wissen, neue Handlungsmuster.
- Sie haben die Bereitschaft, alte Glaubenssätze und Verhaltensmuster auf deren Gültigkeit und Sinnhaftigkeit zu überprüfen.

Zielgerichtet leben

- Sie definieren Ziele, die auf Ihren Potenzialen basieren.
- Sie übernehmen Verantwortung für Ihre Pläne und Ziele.
- Sie sind sich über Ihre Pläne und Ziele sowie über Ihren aktuellen Status im Klaren.
- Sie arbeiten heraus, was Sie zur Erreichung der eigenen Pläne und Ziele tun müssen.
- Sie beobachten Ihr Verhalten hinsichtlich der Zielsetzung.
- Sie beobachten die Ergebnisse Ihres Handelns.

Persönliche Integrität

- Ihr Verhalten stimmt mit Ihren Äußerungen überein.

- Integrität ist die Voraussetzung für Vertrauen in sich selbst und setzt absolute Selbstakzeptanz voraus.

Eigenverantwortung

- Sie übernehmen die Verantwortung für Ihr Leben. Sie nehmen Ihre Entwicklung und Zukunftsgestaltung in die Hand.

- Eigenverantwortliches Handeln ist ein Ausdruck des Selbstwertgefühls.

Auf einen Blick: Die eigenen Potenziale ausleben
- Damit Sie sich weiterentwickeln können, ist immer auch der Blick zurück notwendig: Was haben Sie erreicht? Welche Potenziale sind hinzu gekommen?
- Sie können sich, nachdem Sie Ihr Ziel erreicht haben, wieder in einer erweiterten Komfortzone einrichten oder sich auf zu neuen Zielen machen.
- Nur wer selbstbewusst lebt, schafft auch künftig die Grundlage für mehr Erfolg und Zufriedenheit.

Stichwortverzeichnis

Impressum

Bibliografische Information der Deutschen Nationalbibliothek
Die Deutsche Nationalbibliothek verzeichnet diese Publikation in der Deutschen Natio-
nalbibliografie; detaillierte bibliografische Daten sind im Internet über
http://www.d-nb.de abrufbar.

Print: ISBN: 978-3-648-01786-9   Bestell-Nr.: 00377-0001
ePub: ISBN: 978-3-648-01851-4   Bestell-Nr.: 00377-0100
ePDF: ISBN: 978-3-648-01852-1   Bestell-Nr.: 00377-0150

Birgit Gosejacob
Potenziale erkennen – Entdecken Sie, was in Ihnen steckt
1. Auflage 2013, Freiburg

© 2013, Haufe-Lexware GmbH & Co. KG, Munzinger Straße 9, 79111 Freiburg
Redaktionsanschrift: Fraunhoferstraße 5, 82152 Planegg/München
Telefon: (089) 895 17-0
Telefax: (089) 895 17-290
Internet: www.haufe.de
E-Mail: online@haufe.de
Redaktion: Jürgen Fischer

Konzeption, Realisation und Lektorat: Nicole Jähnichen, München
Illustrationen: Dagmar Gosejacob, Düsseldorf
Satz: Beltz Bad Langensalza GmbH, 99947 Bad Langensalza
Umschlag: Kienle gestaltet, Stuttgart
Druck: freiburger graphische betriebe, 79108 Freiburg

Die Autorin

Birgit Gosejacob

ist seit vielen Jahren als selbstständiger Coach mit den Schwerpunkten Potenzialanalyse, stärkenorientierte Karriereentwicklung, Um- und Neuorientierung, Führen mit Persönlichkeit und Authentizität aktiv. Parallel dazu ist sie als Leiterin des Fachbereichs Human Potential Development im Haus der Technik, Essen, dem ältesten technischen Weiterbildungsinstitut Deutschlands, tätig. In dieser Funktion unterstützt sie Unternehmen bei der Entwicklung der Mitarbeiter- und Unternehmenspotenziale.

Ihr Berufsweg führte sie von der Vertriebs- und Marketingassistenz in der Luxushotellerie in den USA über die Vertriebsleitung in der Luft- und Seefrachtbranche hin zur Beratung von Unternehmen und Privatpersonen.

Weitere Literatur

„Gut sein allein genügt nicht" von Doris und Frank Brenner, 192 Seiten, EUR 19,80, ISBN 978-3-448-09069-7, Bestell-Nr. 00244

„Runterschalten! Selbstbestimmt arbeiten – gelassener leben" von Wiebke Sponagel, 207 Seiten, EUR 19,80, ISBN 978-3-448-01288-8, Bestell-Nr. 00293

„Burnout – Stress erkennen und verhindern" von Christian Stock, 128 Seiten, EUR 6,90, ISBN 978-3-448-10145-4, Bestell-Nr. 00338

Haufe TaschenGuides
Kompakte Informationen zum kleinen Preis

Der Betrieb in Zahlen

- ABC des Finanz- und Rechnungswesens
- Balanced Scorecard
- Betriebswirtschaftliche Formeln
- Bilanzen
- BilMoG
- Buchführung
- Businessplan
- BWL Grundwissen
- BWL kompakt
- Controllinginstrumente
- Deckungsbeitragsrechnung
- Einnahmen-Überschussrechnung
- Englische Wirtschaftsbegriffe
- Finanz- und Liquiditätsplanung
- Finanzkennzahlen und Unternehmensbewertung
- Formelsammlung Betriebswirtschaft
- Formelsammlung Wirtschaftsmathematik
- IFRS
- Kaufmännisches Rechnen
- Kennzahlen
- Kontieren und buchen
- Kostenrechnung
- So funktioniert die Wirtschaft
- Statistik
- VWL Grundwissen

Mitarbeiter führen

- Delegieren
- Checkbuch für Führungskräfte
- Führungstechniken
- Konflikte im Beruf
- Management
- Mitarbeitergespräche
- Moderation

- Motivation
- Neu als Chef
- Projektmanagement
- Spiele für Workshops und Seminare
- Teams führen
- Workshops
- Zielvereinbarungen und Jahresgespräche

Karriere

- Arbeitszeugnisse
- Assessment Center
- Existenzgründung
- Jobsuche und Bewerbung
- Sicherer Umgang mit dem Chef
- Vorstellungsgespräche
- Virtuelle Teams

Geld und Specials

- Sichere Altersvorsorge
- Börse
- Geldanlage von A–Z
- Immobilien erwerben
- Immobilienfinanzierung
- Eher in Rente

Persönliche Fähigkeiten

- Ihre Ausstrahlung
- Burnout
- Business-Knigge
- Downshifting
- Mit Druck richtig umgehen
- Emotionale Intelligenz
- Entscheidungen treffen
- Gedächtnistraining
- Gelassenheit lernen
- IQ – Tests
- Knigge für Beruf und Karriere
- Kreativitätstechniken
- Lerntechniken